國文課遇見日本文化

張胤賢（令狐少俠）著

大唐末茶到抹茶、
湯泉賜浴到泡湯、
桃花源裡有神社，
從經典古文到日本文化，
翻轉你對國學的想像！

目次

自序／穿越時空的心靈悸動 007

《山海經》、《長恨歌》遇見日本泡湯 017

太陽神話、楊貴妃與華清宮、潔癖基因的白色氤氳、「湯」的歷史、湯守觀音

唐詩宋詞遇見日本抹茶 105

顧炎武談吃茶、第一本茶百科《茶經》、白居易也末茶、宋代點茶、東渡日本的一期一會

《蘭亭集序》遇見日本流水拉麵 163
花香洗浴連孔子也浪漫、上巳節與女兒節、王羲之的流觴曲水、大唐曲江宴、物哀美學到流水拉麵

《快雪時晴帖》、《虯髯客傳》遇見日本跪坐文化 199
頓首與跪坐、「床」的演變、紅拂女席地而坐、「人彘」的故事、為什麼要坐椅子？

從《桃花源記》看京都稻荷神社 253
先世避秦時亂、伏見土豪秦氏家族、欽明天皇與秦大津父、技術移民、秦人VS波多

當甲骨文遇見棄老、風葬傳說 287

《搜神記》與《太平廣記》的棄老傳說、上楢山丟棄老人、京都的風葬傳統、浮世繪裡跳樓故事、清水寺菩薩顯靈

自序／穿越時空的心靈悸動

這是一場國文課與日本文化的美麗邂逅。

西元七九四年日本桓武天皇遷都至此，京都就開啟了她千年來的美麗倩影。起初她有一個吉祥的名字喚作「平安京」，儘管「平安京」一點都不平安，但是由於大唐風華的聲聲召喚，再加上留學遣唐使的用心營造，這座不平安的平安京，竟也平安保留、復刻了大唐帝都的一顰一笑。

唐朝以洛陽、長安兩都並重，平安京亦延續這樣格局傳統：朱雀大路將平安京一分為二，東側稱為「左京洛陽」、西側稱為「右京長安」。東西兩側完全對稱，城內居住區像棋盤一樣切割成一個個小方格，沒錯，這就是仿照唐代的「里坊制」。

平安京完美延續了大唐的風采婀娜，僅僅更動一個字，名為「条坊制」（じょうぼうせい），現今京都街隨處可見的一条、二条、烏丸五条等等街道名稱，就是千年前的感動烙印。

可惜的是，位處於西側的「右京長安」，由於在當時多為沼澤地，未能順利開發，實際的市區只有「左京洛陽」保存下來，但是平安京至此多了一個可愛的古典小名——「洛陽」。

京都，妳的名字是唐朝

京都人自稱為洛陽人，京都的行政區劃分洛南、洛京、洛中、洛北、上洛等，至今仍在使用。而許多機關名稱更是直接打上洛陽的印記，如「京洛運輸」、「京洛庵」、「洛陽工業高等學校」、「洛陽病院」、「株式會社洛陽」。

漫步在京都街上，隨處可見的洛陽字樣，讓人有時空錯置之感，彷彿是這座千年古城，生怕遊客不知這裡乃是洛陽京城，處處提醒著遊客她那遠古的繁華記憶。

然而究竟妳是遠古的唐朝，還是千年的京都呢？我也搞糊塗了。

北魏楊衒之《洛陽伽藍記》，將洛陽分城內、城東、城西、城南、城北五卷敘述，對寺院的緣起變遷、奇談異聞都詳細記載，可見洛陽最經典的就是寺廟。

平安京在千年前天皇的努力呵護下，可說是深得洛陽三昧。保守估計，京都現存的寺院多達三千多所，瀰漫空氣之中，是處處可見、令人菩提清涼的梵唄僧語。

而如今中國的洛陽大概只剩龍門石窟可看，但是徜徉在京都的洛陽，「三步一社，五步一寺」，令人震撼，亦是令人唏噓再三。

隨著平安京成為天皇的首都——京都，平安京「洛陽」又有另個典雅的稱呼「京洛」。東漢班固《東都賦》云：「子徒習秦阿房之造天，而不知京洛之有制。」曹丕亦有古詩《煌煌京洛行》。

京洛！京洛！多麼美的名字啊！然而隨著中國政治中心的轉移，京城洛陽早已是遙遠的歷史記憶，京洛更是陌生的冰冷詞彙。

不過這個華夏民族沉寂千年、甚至早已遺忘的名字，卻飄洋過東，成為大和民族永不褪色的鄉愁思念。

日本近代著名美學家東山魁夷繪製了一系列京都風景畫，就是以《京洛四季》為名的圖文集。京洛料理、京洛八社、京洛小景……舉凡有溫度的京都活動，都可以在「京洛」詞彙中找到幸福的溫存。

然而如果你對京都洛陽不夠熟悉，對大唐文明又太過陌生，沒有關係，漫步在京都，你只要記住一種的色彩——艷麗。

成千上百的朱紅鳥居構成了一條通往神祕的奇幻隧道。經過無數風雨洗禮，褪了色的朱紅，加上新抹上的亮紅，大大小小，密密麻麻，蜿蜒而上。陽光打在朱紅上，隨著隧道，傾瀉而下，你聽見那聲響的感動了嗎？

這是《藝妓回憶錄》中可愛小千代奔跑在鳥居隧道的電影場景，一片片的朱紅亮麗讓人印象深刻，讓稻荷大社的美，再次地艷麗展現。

屋頂有隻象徵吉祥的金銅合金的鳳凰，外牆塗漆貼滿了純金的金箔裝飾，若再搭配湖景以及兩旁的紅色楓葉，金紅色澤與湖光粼粼的交織輝映，貴氣逼人卻又優雅華麗，毫無違和的色彩美學令人嘆服再三，這是金閣寺的艷麗。

看膩了白日的繁華，走趟京都叡山的夜間電鐵吧！全暗的車廂，寬敞的觀景窗，被點亮的是兩旁的朱紅燦黃。轟轟地聲響拉動著寧靜屏息前進，夜楓成為流動的色彩光影，車窗成了奇幻變化的彩色銀幕，整台列車彷彿開往宮崎駿電影裡的神祕世界，被震撼的瞬間，只有感動到不可思議。

這是叡山夜楓，難以想像的夜間艷麗。

唐朝盛世的浮誇色調：粉、黛、雪、金、銀、翠、碧、青、紅、白、黃，通通綻放在一朵朵色彩艷麗的嬌貴唐詩中。

原本以為這只是單純的文字想像，隨著唐代彩釉陶器的正式出土，淺黃、赭黃、淺綠、深綠、天藍、褐紅、茄紫，種種色彩繽紛的曼妙組合，原來艷麗正是妳唐朝的顏色。

京都的艷麗在唐朝，唐朝的艷麗在京都。

從唐朝串起京都的種種色彩

綠色

在唐詩中，隨處可見「搗茶」的優美動作。茶葉不是要現泡的嗎？怎麼會搗茶呢？原來唐朝人喝茶的步驟，會將事先製成的茶餅，搗成粉末狀，再沖入茶湯飲用，名之「末茶」。

「末茶」！「末茶」！粉末之茶！不正是當代日本嬌客——「抹茶」的前世書寫嗎？「末茶」是她的前世名稱，形容「玉塵光瑩」的靜態倩影；而「抹茶」則是今身的時尚，描繪製作流程的搗茶精緻。

原來當粉末狀的翠綠，隨著遣唐使飄洋回國後，日本人保留了翠綠的原始字根，轉加上一個提手旁，華麗轉身，成為日本文化的國寶。

瞧！一抹翡翠碧綠閃過眼幕，一色透涼幽香襲鼻而來，沒錯，那就是以獨特的清苦滋潤甜蜜，以亮綠的調色震撼視覺，鼎鼎大名——日本抹茶。

來到了京都宇治，裊裊研磨的茶香，琳琅滿目的翠碧，原來唐朝的綠，在這裡通通都找得到。

白色

唐玄宗，唐朝盛世的最後一位皇帝，在先祖的基礎上大肆擴建，成就了最高等級的溫泉會館——華清宮。從此以後，這位被皇帝耽誤的泡湯高手，將帶著他那位愛吃荔枝的豐腴女友，共同在氤氳繚繞的白色浪漫中，上演一幕幕臉紅心動的愛情故事。

根據流傳的史料與考古發現交叉比對：華清宮的沐浴場有九龍湯、海棠湯、太子湯、少陽湯、宜春湯、星辰湯、小湯、長湯等十六所。

等等，我們來到了日本湯屋嗎？怎麼千百年前的溫泉會館用語，竟和當世日本的溫泉詞彙完全一樣？

原來大和遣唐使，不僅攜回了抹茶的綠，更是打包了整個湯底的氤氳白，搭配北國日本獨特的潔淨冬雪，一起為京都之美塗抹上色。

遠處，山巒覆蓋銀白；近處，地熱蒸汽如輕紗般瀰漫，交織出一幅奇幻而浪漫的景象。仰望雪花緩緩飄落，天上的落白與水起的蒸騰白，一冷一熱美麗邂逅，那瞬間的療癒與浪漫，是令人屏息的無限皚皚，您能不痴戀這樣美麗的白色溫泉嗎？

這是大唐的雪，也是京都的白。

彩色

每年四月的第二個星期天，京都的世界遺產——上賀茂神社，會把美麗的春光時間交予曲水宴：

童子把日式羽觴放入水中，酒杯順水而下，慢慢地流至詩人面前。詩人在酒杯到來前，將詩歌寫在短冊上，然後順手接起水面上的酒觴，一飲而盡。寫好的詩最後由特定的講師大聲唱詠出來。

這不正是王羲之《蘭亭集序》中「流觴曲水，列坐其次」、「一觴一詠，暢敘幽情」的美麗畫面嗎？

原來貞觀盛世的主人唐太宗，是書法大師王羲之的超級鐵粉，有了唐太宗這位皇帝粉絲的加持，王羲之的歷史地位來到了最高，整個唐朝最迷人的書法字體，就是《蘭亭集序》中「王羲之行書體」。

不會寫「王羲之行書體」，就別說你是唐朝人。日本大唐留學生「遣唐使」的甄選資格，除了會說唐語外，具備「王羲之行書體」的書寫能力更是必要條件。

於是一批批具有王羲之正統基因的日本留學生，飄洋過海來到了大唐文化流行中心朝聖，將整套王羲之旋風，通通裝箱攜回日本。《蘭亭集序》也從大唐長安，一路紅到日本京都，為這座美麗的古都，增添迷人華麗的彩色春光。

最令人著迷的是，《蘭亭集序》「流觴曲水」的流動美感，除了定期在彩色的春光中華麗展演外，竟也可以透過「流水拉麵、迴轉壽司」等等美食味蕾，將千年前的文化感動，透過流動趣味，毫無保留地呈現驚艷。

你還想看什麼顏色呢？讓我們一起翻開國文課本，共同感受那絢麗的視覺饗宴吧！

《山海經》、《長恨歌》遇見日本泡湯

引子

魔女「湯婆婆」，經營一座「油屋」澡堂，提供各方神明泡澡歇憩；千尋的父母未經允許，偷吃了神明的供品，被湯婆婆變成了隨時待宰的豬隻。為了拯救父母，在白龍的協助下，千尋進入澡堂，成功地向湯婆婆求得一份工作，就此展開一場壯闊的奇幻歷險，這是日本著名動畫電影《神隱少女》中的精彩情節。

值得一提的是，「油屋」的「油」字，在日語的讀音是あぶら；不過就像中文的破音字一樣，也可以讀作ゆ。有趣的是，日文「湯」的發音亦為ゆ，換言之，「油屋」就是「湯屋」，而經營「湯屋」的老闆就是「湯婆婆」。

為什麼日文稱呼洗澡的地方叫做「湯」呢？不僅洗澡的地方與湯有關，泡溫泉也叫「泡湯」，這樣的「湯」又是怎麼來的呢？其實這都與中國古代《山海經》中，一場太陽洗澡的故事相關……

壹、太陽神話與大唐湯泉

太陽湯泉的神話盛宴

驪山湯

周幽王三年，周幽王征伐褒國，褒人獻出美女褒姒，幽王甚為喜歡，廢去王后申氏和太子，立褒姒為王后。然而，或許褒姒過不慣宮中生活，心中鬱結，周幽王為了討其歡心，演出「烽火戲諸侯」的鬧劇。

「烽火」類似現今的信號彈，點起烽火，狼煙四起，各地諸侯一見警報，以為犬戎打過來了，火速帶領兵馬趕來救駕。

褒姒看見一隊隊兵馬，衣冠不整、慌慌張張前來應戰，不禁大笑起來，幽王亦大喜。後來，犬戎兵至，幽王再燃烽火，諸侯不再出兵救援，幽王被殺在驪山之下，褒姒被擄，西周滅亡。這就是著名中國版「狼來了」的政治童話故事。

唐代詩人胡曾寫道：「恃寵嬌多得自由，驪山烽火戲諸侯。只知一笑傾人國，不覺胡塵滿玉樓。」千載之下讀來，不禁令人唏噓慨歎。

值得一提的是，幽王被殺的驪山，距離西周首都鎬京直線距離大約七十公里，周天子的軍隊跑到京城七十公里外的驪山，被敵軍殲滅，這樣的劇情似乎有點奇怪。周王不是應該待在鎬京城裡守城嗎？難道周王也玩起「御駕親征」的遊戲嗎？即使周王真的「御駕親征」，在這緊急時刻，怎麼還會帶上褒姒前往呢？

驪山最高海拔一三〇二米，是秦嶺山脈的一個支脈，著名「關中八景」的「驪山晚照」即為其一。古時山上松柏滿坡，林濤滾滾，從遠處看去，鬱鬱蔥蔥，活像一匹奔騰青駿的驪馬立於關中平原，美如錦繡，所以人們叫它「驪山」。

由此可知，驪山是關中平原的制高點，亦是觀看「烽火戲諸侯」的最佳欣賞景點，幽王極有可能在外族犬戎入侵之際，為了再博褒姒一笑，點燃了烽火後，帶著褒姒急忙登上驪山，欣賞這難得一見的軍事大秀，怎奈諸侯援軍未到，天子的隨從部隊不敵犬戎大軍，最後幽王被殺在這美麗的驪山之下。

儘管上述的情節只是推測，不過作為關中平原的青駿驪馬，白日鬱鬱蔥蔥，綠意盎然，到了夕陽西下，金黃和著火紅的色調籠罩塗抹，這確實是關中平原最美的時候。重點是，這匹青駿驪馬，是中國歷史上，最負盛名的溫泉勝地。如果你是幽王，你會放過如此美麗又可泡溫泉的幽會祕境嗎？

男人把妹的手法都差不多，幽王會來驪山幽會，千年之後的唐玄宗，也在此建立富麗堂皇的華清宮，裡頭更是配有高級豪華的溫泉SPA華清池，玄宗與楊貴妃不知在此上演多少次的鴛鴦戲水，白居易的《長恨歌》也精準記錄那貴妃出浴時的撩人姿態：

> 春寒賜浴華清池，溫泉水滑洗凝脂。侍兒扶起嬌無力，始是新承恩澤時。

不過驪山溫泉似乎受到了詛咒，來此泡湯的帝王情侶，通通逃不過戰火的蹂躪摧殘：安史之亂烽火一起，華清宮連同那氤氳繚繞的華清溫泉池，通通消失在歷史塵埃之中。

一九八二年，中國考古隊發現唐代華清宮殿基遺址。大唐的歷史印記，讓考古隊員滿心以為，這座湯池殿基遺址，就是唐朝輝煌文物的代表。結果考古隊員發現，在遺址地層的最下方，居然出現板瓦、條磚、方磚屬於新石器時代的仰韶文化文物。

原來我們的想像力都太貧乏了，連猴子都懂得泡溫泉，遠古時期的人類，當然也是泡溫泉的高手。此外在仰韶文化的地層之上，也發現與秦漢時期出土器物相同的歷史文物。

漢朝年間編纂的地理書《三秦記》云：

始皇初，砌石起宇，名驪山湯，漢武加修飾焉。

大意是：**秦始皇在這裡堆砌磚石，搭建起屋宇，並給她取一個美麗的名字「驪山湯」。到了漢武帝之際，在秦王的基礎上，加以修建裝飾。**

其實這一點都不令人意外，連猴子、石器時代的人類都懂得泡溫泉，更何況是雄才大略的秦始皇、漢武帝！對比考古資料，《三秦記》的記載果然不假。

我們稍稍整理一下驪山溫泉的歷史，早從新石器時代就有人類在此使用，烽火戲諸侯的周幽王也帶著愛妃褒姒在此出現，秦始皇給了這座溫泉美麗的稱號，漢武帝也加入這場溫泉的盛宴。從此泉香不斷，到了唐玄宗之際，這場溫泉盛宴來到了最高潮，玄宗不僅在此修建了華清宮，更在裡頭打造高級華靡的華清池，搭配著身旁侍女們灑落的玫瑰花瓣，與那豐腴的貴妃共同沐浴在花香與溫暖四溢的湯泉之中。

經過千年的發展，驪山溫泉攀升至大唐繁盛的歷史高峰，然而卻也不敵「日中則昃」的悲情詛咒，從此消失在歷史舞台。是什麼樣的原因，讓瀰漫千年的泉香氤氳，崩然而逝，戛然而止呢？由於牽涉到太多背景因素，我們將一一詳盡的討論。

我們先將鏡頭拉回秦始皇。

秦始皇賦予這座華夏溫泉一特殊的名號——「驪山湯」。

在當代的中文語境中，「湯」代表具有多量汁水的菜餚，諸如餛飩湯、牛肉湯麵等等。將沐浴用的溫泉，採用菜餚的湯液來形容，似乎總有些不倫不類，難道是殘暴的秦始皇，把溫泉視作湯液，將人丟進去烹飪嗎？

清代袁江繪有《驪山避暑圖》，將壯麗的宮闕與雄偉的山勢巧妙結合，不禁令人聯想起驪山輝煌的歷史事蹟。
（圖片來源：維基公領域）

古代刑罰中，確實有將人丟入沸水中的「湯鑊」酷刑，再加上秦始皇焚書坑儒的負面歷史形象，這樣的「溫泉湯」酷刑聯想，好像也說得通。

其實，我們都誤會秦始皇，早在神話的年代，華夏民族就以「湯」來稱呼溫泉了。

太陽湯

太陽湯是什麼東西？是像太陽餅一樣，可以吃（喝）嗎？

傳世文獻中，「湯」最早出現在《論語》：

子曰：「見善如不及，見不善如探湯。」

大意是：**見到善良的事物，要像追趕不上似的。見到不善的事物，要像被熱水燙到一樣，要馬上離開**。

這裡的「湯」，就是滾燙熱水的意思，也符合我們後世的理解。

有趣的是，到了戰國時期，「湯」開始出現神話的意涵。

中國古代神話的地理源頭，大多可以追溯至古代齊國，即今山東省一隅。山東齊國突出於渤海與黃海之間，靠著地利之便，齊桓公在此煮鹽、收稅，取得了天下霸主的豐厚資本。山東齊國除了生產食鹽外，還盛產一項文化瑰寶，那就是「神話傳奇」。

每到了冬季，氣溫驟降，冷空氣聚集在東方海面上方，而底下的海水仍保有溫暖的水溫，當彼此接觸，一冷一熱，撞擊出海面霧氣蒸騰的奇特現象，有如「燒熱水」般，在海面上不斷翻滾著水花，極其壯觀。

十顆太陽

此時此刻，太陽從東方的海面緩緩升起，金黃色的光芒暈染著海面的濤瀾起伏，搭配有如燒開水般煙霧繚繞、氤氳蒸騰的自然美景，就像是可愛的太陽沐浴在溫暖的湯池中。

對神祕世界嚮往神馳的古代先民們，又怎麼會錯過這神聖的感動呢？於是我們在《山海經》中找到了這樣美麗的精彩氤氳：

有谷曰溫源谷，湯谷上有扶木。一日方至，一日方出，皆載於烏。

湯谷上有扶桑，十日所浴，在黑齒北。居水中，有大木，九日居下枝，一日居上枝。

上述兩段文字的大意是：**有一個地方名為湯谷，十個太陽在此沐浴洗澡，湯谷上有棵巨大的樹木「扶桑」，一顆太陽在上枝，其他九顆在下枝，由烏鴉輪流馱背著。**能夠壯闊到讓太陽洗澡的地方，只有在東方海面，日出之際，煙波浩淼。《山海經》給她取一個美麗的名字「湯谷」，這是文獻上首次「湯」與浪漫舒適的泡澡相關。

有趣的是，不只一顆太陽在此洗澡喔，一共有十顆太陽；而「湯谷」上還有一棵巨樹「扶桑」。一顆高高掛在最上方的枝頭，其他九顆在下方休息，透過烏鴉的馱背，這十顆太陽輪流照耀世界。

讀到這裡，或許看官有一絲疑惑式的震驚！

傳說中遠古時代，天上同時出現十顆太陽，這十顆火球，一起迸發出的光熱，把大地都烤焦了，不但河川乾枯，連海水也都快蒸發殆盡。農夫無法耕作、漁夫無法捕魚、獵人無法打獵。有許多老百姓、動物、植物都被活活曬死。

仁慈的堯君為了解救人民的痛苦，命令神射手后羿，帶著有神力加持的弓箭，爬上山巔，拉開神弓，將危害人間的太陽一顆顆射下來。后羿射下了九顆太陽，最後僅留下一顆，安分地為人間繼續供應光與熱，成功恢復了宇宙秩序。

我們從小接受的神話教育，都是十顆

后羿射日AI示意圖。

太陽一起在天空危害肆虐。但是在太陽洗澡的神話裡，那是十顆太陽，有秩序地邊洗澡，邊在扶桑樹下休息。等一顆太陽的一日工作完畢後，再由烏鴉馱背著下一顆，慢慢地爬上樹梢，繼續為人間發光發熱。

這到底是怎麼一回事呢？

太陽與飛鳥

神話反映了人類遠古歷史的演變。

考察甲骨文史料得知，殷商民族最早使用天干計日。所謂天干就是我們熟悉的「甲乙丙丁戊己庚辛壬癸」，十日為一個循環，稱作「旬」；「旬」字從日、從「勹」（象徵圓圈），可知它與「日」的循環相關。

值得注意的是，商人的先王也是以十「天干」為命名，在一旬十天內輪流祭祀；也就是說，天干代表「日」的名稱，商王本身就是「日」（天干），而「日」在甲骨文中就是「太陽」的意思，「祭祀商王」就是「祭祀太陽」。

漢代編纂的字典《廣雅》，在〈釋天〉的篇章中對於天干有以下的解釋：

甲乙為干，干者，日之神也。

天干就是日之神也，其實就是甲骨文中以天干作為商王太陽的歷史遺跡。那烏鴉呢？在中國北方屬於仰韶文化風格的河南「廟底溝遺址」，其出土文物圖飾，有「飛鳥馱物」之狀，此昂首、張口、展翅欲飛之鳥，其背上有一明顯「圓點」；長江下游「河姆渡遺址」亦有類似「飛鳥」與「圓形物」並行之象牙雕飾，發掘報告稱之為「雙鳥朝陽紋牙雕」。

另外，二〇〇一年在四川成都出土一張屬於古蜀文明的特殊金箔，其年代相當於商代晚期。整個金飾呈一圓環形狀，內層等距分布有十二條旋轉的齒狀光芒；外層由四隻相同的朝逆時針飛行的鳥組成。

從中原地區的彩陶文化，至長江下游的河姆渡文明，甚至是內陸的古蜀文明，皆不約而同地出現「飛鳥」與「圓形球狀物」、「光芒」並行的圖案。考量到視覺意象「飛鳥高飛在太陽的方向」，這樣的「圓形球狀物」、「光芒」理當以「太陽」的可能性為最高。

此外在先秦文獻中，殷商民族的誕生與「鳥」亦有密切的關係，《詩經．商頌．玄鳥》更是直接說明：「**天命玄鳥，降而生商。**」「鳥」可以說是殷商的神話先祖、民族圖騰。

換言之，殷商民族繼承了新石器時代以降，飛鳥與太陽的神話傳說，飛鳥可以馱日，飛鳥也可以是太陽的化身。

在《楚辭．天問》中，屈原曾經有一有趣的提問：

羿焉彈日？烏焉解羽？

意思是指：**后羿如何彈射太陽呢？那天空的鳥，為何羽毛解體墜地而死呢？**

原來后羿射下太陽後，掉下來的，竟然是隻鳥！在這裡，不難看出屈原也認同飛鳥就是太陽。行文至此，我們將前頭的商王十日與飛鳥做一個整理：**商王＝天干＝日＝太陽＝飛鳥**。

有了這樣的概念，再回頭看《山海經》中太陽洗澡的神話：這十位天干太陽（日之神）的商王，依照一旬十日輪流出現在天上，讓臣民祭祀，不正是《山海經》中的十顆太陽，輪流被烏鴉馱上扶桑樹梢嗎？

換言之，《山海經》反映了遠古時期作為商朝太陽神的祭祀遺跡。特別注意，太陽洗澡的地方叫做「湯谷」，中國字的部首都是後來才加上去的，所以「湯」可以通「昜」。

「昜」字的甲骨文作，上方即是「日」，下方則是供桌，「昜」即是祭祀太陽，代表對太陽的崇敬。太陽的「陽」亦是從「昜」演化而來。

將崇敬的「昜」，加上水部邊，形成「湯」，就是太陽泡澡的地方，原來「湯」的原始意涵，並不是菜餚湯汁，而是太陽泡澡的湯池，這才是「湯」的真正意義。你能感受那美麗壯闊的氤氳裊裊嗎？

商朝人為了紀念開國先祖，乾脆將這個絕無僅有的文化遺產，作為開國先祖的稱號，取名為「商湯」。

太陽殞落

然而周王朝取代殷商之後，崇尚人文理性的周人無法苟同殷商瑰麗浪漫的太陽神話，於是將十日溫和輪流地映照，更改為十日並出的宇宙災難；而為了拯救斯民於水火，「十日神話」必須遭到射殺，而太陽洗澡的浪漫傳說，也只能保存在荒謬的《山海經》之中。

十日神話殞落了，太陽洗澡也失傳了，湯字就僅僅剩下《論語》當中熱湯的意義，可惜的是，這碗熱湯已經沒有太陽的味道。

還好，在南方的楚國，還有一位披頭散髮的英偉詩人，在面對惡濁的楚國政局，詩人悲痛萬分，為了抒解苦痛，詩人想起了遠古的太陽泡澡的偉大浪漫，於是展開一場雄偉的精神壯遊：

朝濯髮於湯谷兮，夕晞余身兮九陽。

——《遠遊》

意思是指：**早晨在湯谷洗洗頭髮，傍晚讓九陽曬乾我的全身**。

詩人在湯谷洗頭，再享受九顆太陽的日光浴，不正是太陽洗澡的美麗傳說嗎？咦！九顆太陽，還有一顆去哪裡呢？原來我們的屈原光明正大，不與奸佞同流合汙，他就是那顆太陽；太陽在湯谷泡澡、做日光浴，屈原也太美了吧！

看來端午節並非因為詩人的粽葉飄香才偉大；將太陽的味道完整傳承，透過金黃，包入粽葉，放入蒸籠，讓後世代代傳承「光明正大」的雲煙繚繞，這才是屈原真正的偉大。

千年之後，雄才大略的秦始皇，在驪山發現氤氳繚繞，宛如仙境一般的美麗溫泉。

由於秦國崛起於西戎，沒有中原的文化包袱，在浪漫雲霧的簇擁之下，想起了屈原，想起了那個美麗、遙遠、偉大的太陽洗澡神話，於是命名為「驪山湯」：朕在此洗澡，朕即太陽。

隱沒千年之「湯」，在始皇的加持下，重新開始馳騁不凡的歷史篇章。

河姆渡文化「雙鳥朝陽紋牙雕」，中間為一組同心圓，與外側的火焰狀紋形成太陽形象，兩側為對稱的雙鳥紋，現為浙江省博物館藏。
（圖片來源：維基公領域，作者Luke LOU）

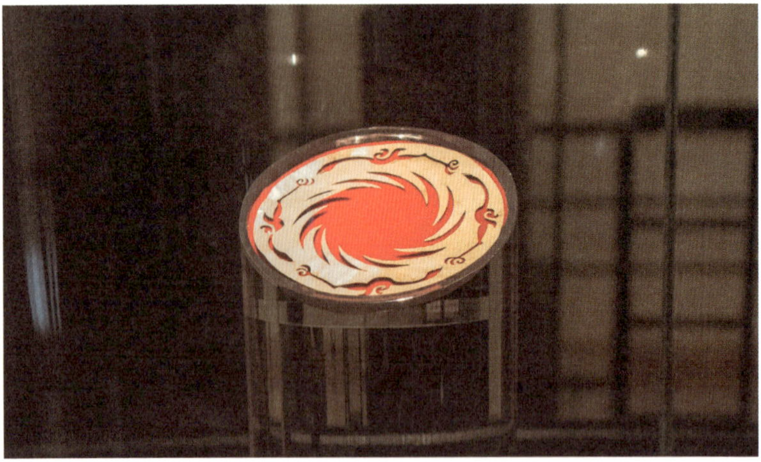

金沙遺址太陽神鳥金箔，金量高達94.2%。現藏於成都市金沙遺址博物館，亦為成都航空的標識圖案。
（圖片來源：維基公領域，作者xiquinhosilva）

屈原不僅是愛國詩人，他更是第一位神話泡湯達人。
此圖為1953年中國所發行的屈原紀念郵票。
（圖片來源：維基公領域）

大唐湯泉的繚繞氤氳

秦始皇恢復了驪山湯泉的美麗傳說，漢武帝接力加入這場溫泉的盛宴，到了東漢著名科學家張衡（發明渾天儀那位），也為驪山湯泉留下美麗的記錄：

控湯谷於瀛洲兮，濯日月乎中營。

——《溫泉賦》

這裡使用了幾個典故：瀛洲是神仙的居所；中營則是天子的駐留地。整句話大意是：**在神仙的居所可以享受湯谷的美泉，而天子在此，就如同神聖的日月般，在此洗滌**。不難看出張衡依舊是延續帝王與湯谷的豪華饗宴。

清朝末年，「驪山湯」泉華清宮遺址出土北魏刺史元萇所撰刻《松滋西元萇溫泉頌》碑，碑文說明驪山湯久經戰亂失修，後經元萇籌措資金整復。

與元萇同一時期的酈道元，其大作《水經注》，記載多達三十一處溫泉，《水經注》中多次提到溫泉的保健療效，其中還包括一則驪山湯泉的有趣傳說：

> 秦始皇與神女遊而忤其旨，神女唾之則生瘡，始皇怖謝，神女為出溫泉而洗除，後人因以為驗。

大意是說：**秦始皇與仙女一起出遊，但是他輕薄忤逆了仙女，仙女懲罰秦王，將口水吐在他臉上，秦王臉上立刻長了膿瘡。高傲的秦王這時才覺得恐懼，立刻向仙女低頭道歉，仙女汲取了驪山溫泉，敷在秦王臉上。此時神奇的事發生了，秦王臉上的膿瘡消失了；後人聽聞這項傳奇，只要是生膿瘡，也依法炮製，皆有效果。**

驪山溫泉是否真的有洗除膿瘡的療效，我們不得而知，但是從元萇刻碑，到酈道元的神話故事，我們可以看到，即使經歷魏晉時期的長年戰亂，驪山湯泉依舊氤氳繚繞著她的無窮魅力。

歷史的巨輪繼續翻滾到了唐朝扉頁，大名鼎鼎的唐太宗也毫無意外地拜服在那熱氣騰騰的裊裊雲煙中。

1. 貞觀之治「幸溫湯」

根據新、舊《唐書》的資料記載：唐太宗即位後的第四年，開始有泡湯泉的記錄；之後貞觀十四至十八年之間，出現頻繁泡湯的活動；直到去世的前一年，貞觀二十二年，仍維持泡湯的習慣。

以剿滅西突厥，獲得天可汗的美名；創立貞觀之治，日理萬機的歷史名君——唐太宗，在位期間不時前往泡湯休憩，雖然次數遠比不上他的子孫，那位溫泉重度耽溺者——唐玄宗，但是若說太宗是溫泉的愛好者，相信不會有人反對。

不同於秦始皇公開調戲仙女，唐太宗泡溫泉就顯得刻意低調。史書上最常記載是「幸溫湯」三字，鏡頭結束後，就匆匆帶過，沒有其他的文字描述，好像名人害怕被狗仔盯梢拍照，只能來匆匆，去匆匆，不留痕跡。

太宗三寶

貞觀二十二年。新羅真德女王派遣使者來朝：

太宗因賜予所制《溫湯》及《晉祠銘》並賜新撰《晉書》。

——《舊唐書・高麗傳》

大唐為東亞第一大國，為了彰顯國威，朝貢國使者通常會得到唐朝皇帝豐厚的物質獎賞。不過太宗賜與新羅使者的三樣東西，乍看之下，似乎不是那麼珍貴；但是由史官記錄下來，列入國家檔案，就表示這三樣東西意義非凡。

我們先來看《晉書》。

中國自古以來皆有修史的傳統，史官是隸屬於掌管文書的祕書省之下。不過或許唐太宗在玄武門之變時屠戮手足太過血腥，他特別在乎身後的歷史評價。於是唐太宗成立直接隸屬於皇權的「史館修撰」，將史官從祕書省中獨立出來，如此一來就可以過濾刪減對太宗不利的歷史言論。

太宗如此苦心經營，唐朝第一本皇權參與的史書《晉書》誕生了，其中還有太宗親自撰寫四篇史論，開帝王修史的先例。

再來看《晉祠銘》。

「晉祠」是為了紀念春秋時期晉國開國諸侯唐叔虞而設置祠廟，唐高祖李淵起兵反隋之際，曾在晉祠向唐叔虞祈禱護佑。貞觀十八年，李世民率軍親征高麗，久攻不下，戰事膠著之際，也曾在此休憩祝禱；兩年後，貞觀二十年，太宗重遊舊地，想起了過往的種種，感慨萬千，親撰銘文，以報神恩，留下《晉祠銘》的書藝作品。

值得注意的是，唐朝以前刻碑，為了方便工匠雕琢，大多以工整的書法體為主，諸如隸書、楷書；行書由於太過飄逸奔放，並不適合書寫碑銘。不過太宗的《晉祠銘》則通篇以行書書寫，開創了行書上碑之先河。看官或許有疑問，放著工整的楷書不寫，太宗為何要堅持以行書書寫呢？

眾所皆知，唐太宗是著名的王羲之超粉，他曾親自為《晉書．王羲之傳》撰寫史論，稱王右軍書法是「盡善盡美」；在位期間，利用帝王的權力，將所有王羲之的真跡蒐羅殆盡，其中包括天下第一行書《蘭亭集序》。

相傳太宗過世時，中書令褚遂良向新皇帝奏曰：

「《蘭亭》乃先帝所重，本不可留。」遂祕於昭陵。

——《隋唐嘉話》

於是《蘭亭集序》就這樣跟隨著太宗一起埋入了昭陵。太宗不僅收藏王羲之的作品，他更是親力親為，勤加練習王羲之行書。

由於多年耳濡目染臨摹大量王羲之真跡墨寶，太宗的書法，可以說就是王羲之的代言體，《晉祠銘》更是被後人譽為僅次於王羲之《蘭亭序》的行書傑作。

如果送《晉書》給新羅使者，只是單純地炫耀帝王修史；那麼《晉祠銘》的拓本，可就是真正的寶貝，因為這就是全大唐絕無僅有的王羲之代言真跡。

經過千年的歷史戰火洗禮，「晉祠」居然保存了下來，歷朝歷代還加以整修擴建，那塊唐太宗親自撰寫的《晉祠銘》碑，或許因為這是唯一王羲之代言的真跡，也完整地留存至今，現存於太原市晉祠博物館，一同見證歷史的不凡滄桑。

最後看《溫湯》。

《晉書》、《晉祠銘》皆是太宗的作品，想必《溫湯》亦是。而《溫湯》與《晉祠銘》並列，大概可以推測《溫湯》亦是書法作品。但是我們翻遍唐朝史書，並沒有《溫湯》的相關資料，這究竟是為什麼呢？是與溫泉相關嗎？有趣的是，《新唐書．地理志》有留下一則寶貴的線索：

> 有宮在驪山下，貞觀十八年置，咸亨二年始名溫泉宮。

原來愛泡湯的唐太宗，曾經在驪山下建造了一所宮殿，等到兒子唐高宗即位時，才命名為溫泉宮。看到這則資料不免好笑，明明就喜歡泡湯，還大興土木，建造了溫泉會館，但是史書的文字就是這麼少，還低調到沒有為會館命名，大概是想維護節儉、勤政愛民的仁君形象。

北宋學者宋敏求，有一本地理著作《長安志》，是研究古代長安地區宮城的重要史料，其中也有一條重要的溫泉線索：

> 貞觀十八年，詔左屯衛大將軍姜行本、將作少匠閻立德，營建宮殿，御賜名：湯泉宮，太宗因幸製碑。

文字中出現的兩號人物：姜行本有挖鑿運河的經驗，閻立德則是當代著名宮殿建築師。也就是說，唐太宗的溫泉會館可不是隨意打造，而是匯集了包括水利、營建兩大專家，以如此高規格的黃金陣容，共同協力打造具有豪華溫泉供應系統的華麗宮殿。

太宗果然懂得享受。宮殿完成後，太宗賜名「湯泉宮」，並親自到會館撰文刻石紀念。原來所謂的節儉、勤政愛民仁君形象，通通是假的；耗費巨資、奢華享受泡湯會館才是真實的太宗人設。

唐太宗貞觀十年（六三六），長孫皇后病逝，唐太宗遵照長孫皇后的薄葬遺言，將她安厝在今陝西省九嵕山新鑿石窟，名為昭陵。由於昭陵風景秀麗，一代帝王也決定長眠於此，於是太宗徵召民工、大興土木，前後費時計十三年，耗費無數的民力，對百姓造成極大的負擔。

國文課本中魏徵〈諫太宗十思疏〉，勸諫唐太宗要控制欲望，要知足自戒，講的就是修建昭陵，要適可而止。

昭陵於五代時期遭到軍閥溫韜，率兵盜掘，史書上記載，溫韜進入陵墓時：

> 見宮室制度宏麗不異人間。
>
> ——《新五代史．溫韜傳》

可見太宗依舊維持他帝王的奢華規格。

一個昭陵可徵用民工十三年，那麼修建一座小小溫泉會館，顯然不會是什麼太令人驚訝之事。只是太宗太矯情了，在史書中東躲西躲，台語俗諺「貪吃又裝小心」，好在我們透過不同史料，還原了太宗的真面目。

根據《長安志》記載，太宗在建立溫泉會館後「臨幸製碑」。當代政治人物在建築工程落成之後，都會刻文紀念；太宗乃一代名君，留下一碑文紀念他奢華的會館也是符合情理。那麼這個「湯泉宮」碑銘是否就是與《晉祠銘》並列的《溫湯》碑銘呢？由於史書的模糊處理，再加上驪山溫泉後來毀於戰火，太宗的「臨幸製碑」與其《溫湯》二字，也就成為歷史懸案，埋入了紙堆灰燼當中。

重見光明

中國甘肅敦煌莫高窟，歷經十六國、北朝、隋、唐、五代、西夏、元等歷代的興建，以精美的佛教洞窟壁畫、塑像聞名於世，堪稱是中國最重要的佛教藝術博物館。

清光緒二十六年，西元一九〇〇年六月二十二日，長年在莫高窟居住修行的道士王圓籙，為了將部分廢棄已久的洞窟改建為道觀，開始進行清掃。當他為現今編號第十六窟打掃清理時，竟發現洞穴泥壁上藏有一個小門，打開後，出現一個方形窟室（現編號為第十七窟），內有從十六國到北宋間的歷代文書、文物六萬多件，這就是後來引起世人震驚的莫高窟「藏經洞」。

王圓籙發現藏經洞後，曾向敦煌地方政府報備，但是沒有文物概念的迂腐官員，只下令王圓籙就地封存，就草草了事。由於清廷的漠視不作為，為了生計，不懂得文物價值的王圓籙，出售部分經卷給附近居民，當作符咒，宣稱可以治病。

文物被當作廉價符咒轉賣的消息引起了西方探險家的興趣。一九〇七年五月，英國探險家買走七千份古寫本，這些作品日後存放在倫敦的大英博物館。一年後，一九〇八年春，法國人伯希和（Paul Pelliot）也不甘示弱，以五百兩銀子買走六千餘件文物。

值得注意的是，法國人伯希和所買走的敦煌文物中，經專家檢視，有三件是唐朝書法拓本：其中兩件為歐陽詢的《化度寺碑》、柳公權的《金剛經》；第三件作品則不知作者姓名，但內容有「濯息於泉水之中，可以怡養性情、療疾治病」等等文字，可知這是一件談論溫泉的作品。

值得注意的是，不同於另外兩件以工整的楷書書寫；這件溫泉之作，乃是用飄逸流暢的王羲之行書體完成，文中作者更是自稱為「朕」。作者自稱「朕」，再加上飄逸流暢的王羲之行書體，所有的線索都指向一人，沒錯，作者就是唐太宗。

這部溫泉作品是否就是唐太宗送給新羅使者的《溫湯》？是否就是「湯泉宮」所豎立的碑銘呢？由於史書中的模糊處理，在缺乏直接證據的情況下，我們不敢百分百肯定。但是這部新出土的「敦煌溫泉銘」，確實是目前僅存唯一有關唐太宗書寫溫泉的石刻拓印作品，因此學者普遍傾向認定，這就是當年「湯泉宮」的《溫湯》碑銘。

我們來看一段文字，共同回憶一下，當年「湯泉宮」《溫湯》熱鬧落成時的華麗溫度：

朕以憂勞積慮，風疾屢嬰，每濯患於斯源，不移時而獲損。

大意是說：**我自即位以來，操心費神，積勞成疾，又患風濕病多年，所以才用泡溫泉的辦法來治病。每次在這裡沐浴後，病情就會有所緩解。**

古代的君王權力無限，唐太宗在風景秀麗的驪山溫泉，營造會館，去那裡泡湯休憩，這事還需要理由，還需要解釋嗎？唯一的理由是：太宗身居高位而不敢任意放縱自己，即便是在享受泡溫泉的時候，也要維持誠惶誠恐的心態。

唉！連泡個溫泉都要營造仁君的歷史形象，這碑銘果然是出自唐太宗親筆。

行文至此，太宗送給新羅使者的第三件寶貝——《溫湯》，理當就是上述敦煌出土的作品。

買走唐太宗《溫湯》碑銘帖的法國探險家伯希和（Paul Pelliot），此圖為伯希和在藏經洞內檢視文物的情景。（圖片來源：維基公領域）

發現敦煌藏經洞的道士王圓籙。（圖片來源：維基公領域）

這三件寶貝，見證了太宗不凡的史書、書藝造詣，同時也印證太宗辛苦營造的仁君形象。只不過連泡個湯都要如此辛苦彆扭，就知道這道溫泉應該火熱不起來。還好後世出了一位泡湯高手，他和那位愛吃荔枝的豐腴女友，共同揮灑氤氳繚繞的恣意浪漫，讓驪山溫泉徹底火熱發光。

2. 開元盛世之荔枝幽香

太宗過世後，兒子高宗即位，將老爸低調營造的「湯泉宮」改名為溫泉宮。百年後，大名鼎鼎的唐玄宗，登上了歷史舞台。在先祖的基礎上大肆擴建，成就了最高等級的華清池。如果你以為唐玄宗李隆基天生就是一位泡湯高手，那就大錯特錯了。唐玄宗李隆基早年命運坎坷，他的故事還要從一代女皇武則天開始說起。

坎坷童年

話說唐高宗駕崩後，唐中宗李顯即位，此時母后武則天開始專權。李顯與妻子韋皇后共謀，打算引進外戚力量，與母親抗衡。武則天看到兒子如此不爭氣，乾脆直接廢掉李顯，並將李顯夫妻二人流放筠州，改立另一位最小的兒子李旦為皇帝，是為唐睿宗。

睿宗即位後，有了白目哥哥李顯的前車之鑑，很識相地直接宣布退位，讓位給母親武則天稱帝。上道的睿宗讓媽媽武則天很滿意，但是兒子聰慧的妃子——德妃，卻讓武后芒刺在背，擔心哪一天德妃也會像韋皇后一樣胡來。為了永絕後患，在一次武后召見德妃後，隨即將她賜死，連遺體都不知去處，德妃瞬間人間蒸發。這位可憐又倒楣的德妃留下一位小男孩，就是我們今天的男主角，泡湯高手——唐玄宗李隆基。

李隆基自幼喪母，又在殘酷的宮廷鬥爭中長大，再加上他有顆像媽媽敏銳又聰慧的心；良好的基因加上後天的鍛鍊，讓李隆基表現出堅毅又不凡的領袖魅力。在武則天死後，李隆基先後平定了兩次宮廷動亂，在眾人簇擁下，正式登基成為唐玄宗。

從武則天專權開始，到唐玄宗李隆基即位，唐朝皇室已經風雨飄搖、血腥殺戮長達七十餘年之久。玄宗即位後，勵精圖治，革新吏治，重用賢臣，年號更改為「開元」，意即「開創新元之意」。經過三十年的努力，天下大治，大唐國力升至頂峰，史學家稱其為「開元之治」。

正當唐玄宗以為可以放鬆享福之際，年過半百的他居然又遇到太子謀反的宮廷鬧劇，最後只能狠心斬殺了三位親生的皇子。一輩子沒有真正享福過，連天倫之樂都是奢望不可及；為了彌補自己，從此之後，玄宗只能耽溺於感官享樂，以最大的刺激，撫慰人生的缺憾。

楊貴妃登場

這一天，玄宗第十八子——壽王李瑁，帶著太太楊氏入宮拜見父親。結果發生一件要命又刺激的事，就是爸爸玄宗居然看上了自己的太太——楊氏。

有沒有搞錯？老爸居然要搶自己太太，這還能看嗎？但是可別忘了，這位心靈受傷的老人，要用最大的刺激來撫慰他的人生缺憾。

首先，玄宗以替先母竇太后祈福的名義，命令這位兒子的太太出家為女道士，道號「太真」。既然已經出家，那麼就已經不是兒子太太；之後再把她接回宮中，那就是名正言順的貴妃，這位貴妃就是中國歷史上，赫赫有名的楊貴妃。

先出家再接入宮，好熟悉的套路，玄宗哪裡學的呢？原來當年唐太宗駕崩後，武則天因為沒有生育，被遣入感業寺為尼。兒子李治即位，就是玄宗的爺爺唐高宗。高宗迷戀這位爸爸的女人，直接到感業寺裡頭一夜溫存，再把武則天接回宮中當妃子。

爺爺唐高宗愛上自己爸爸的女人；孫子唐玄宗搶自己兒子的老婆。這套「出家」加「亂倫」的荒謬把戲，唐玄宗學他爺爺可說是入木三分、青出於藍。

可別瞧不起這對爺孫檔的套路喔！

歷久彌新、重播逾十年的宮鬥劇始祖——《甄嬛傳》，當年女主角甄嬛以莞妃之尊，負氣跑去甘露寺修行出家後，雍正皇帝也是風塵僕僕趕去寺中的凌雲峰與甄嬛溫存一晚，最後再風光接回宮中，大封為熹貴妃。

可知古代宮中美人出家，乃是出國鍍金深造，回國後身分絕對是扶搖直上。

《甄嬛傳》編劇深曉這套流量密碼，難怪重播了十年依舊魅力不減，穩居宮鬥劇天花板。不過那種「兒子吃爸爸女人，爸爸搶兒子老婆」的唐代重口味流行文化，礙於當代的觀感尺度，在《甄嬛傳》只能刪去捨棄，畢竟我們比古人保守。

言歸正傳：我們的玄宗獲得重口味的楊貴妃後，快樂到開始懷疑人生。

於是他將光明進取但卻又稍嫌沉重的「開元」年號，更改為「天寶」。「天寶」顧名思義就是「天降之寶」、「天祐之寶」，也就是說，玄宗不想奮鬥了，他只想要好好享受屬於他自己的天寶。

講了這麼多，看官們或許會問，這些跟我們要談的溫泉有什麼關係？各位稍安勿躁，屬於唐玄宗的溫泉時代即將來臨。

天寶元年，那位深受玄宗寵愛的胡人胖子安祿山，正式被封為平盧節度使；天寶四年，從道觀接回來的女道士，正式晉封為貴妃；天寶六年，富麗堂皇最高規格的溫泉行館「華清宮」也落成了。

從此以後，安祿山、楊貴妃與華清宮溫泉將交織一段美麗的氤氳繚繞，連大名鼎鼎的詩仙李白，也左握金樽，右捉月光，循著荔枝香，一起加入這場華麗的溫泉盛宴。

然而「天寶」，這絢麗稱號，也是可怕的咀咒。

華清會館

驪山溫泉位於唐長安東方約五十公里處，以皇帝駕輦的速度，一天內即可抵達。在唐太宗、唐高宗父子的兩代經營下，行館設施日趨完善。

最先太宗命名「湯泉宮」、高宗再改名為「溫泉宮」，不管是溫泉還是湯泉，這是大東亞地區最豪華美麗的溫泉行館：面對驪山夕照的溫柔美景，徜徉在蒼翠山林間的寧靜悠閒，湯泉盪滌疲勞後的極致舒適，這種遺世獨立遠離塵囂的美感體驗，專屬於唐代帝王的尊貴，人生至此，夫復何求？

不過，對於天寶的玄宗而言，這些都是過了時的俗套，不足以撫慰他開元盛世的辛勞。此時玄宗已經六十一歲，垂垂老矣的年紀本應少欲知足，好好頤養天年。然而在二十七歲年輕啦啦隊小女友的鼓舞下，玄宗重嚐少年維特的戀愛滋潤；血清素的陡然提升，讓玄宗迸發出無窮的能量與浪漫欲望，他決定重新打造驪山溫泉。

玄宗開挖新的湯井、引水為池，並在群山環繞之間建立新的宮室，同時羅列數十所奢華豪宅，外興城牆包覆，正式更名為「華清宮」。此外，玄宗更是在華清宮上方，驪山西繡嶺第三峰峰頂平台的北端，建立結構複雜的大型建築——朝元閣。

依據考古發掘顯示：唐代的朝元閣主體建築修建於夯土台基上，巧妙地利用了山勢和地形。南側地勢平坦，東、西、北三側與山體陡坡相接，北側向下直對華清宮城，垂直高度達二百四十公尺，不僅氣勢恢宏，亦是盛唐皇家山地建築設計最高水準的代表。

國文課本《楓橋夜泊》那位張繼，在參訪這壯麗溫泉會館建築群後，也為我們留下珍貴的歷史鏡頭：

華清宮殿郁嵯峨。朝元閣峻臨秦嶺。

——《華清宮》

「華清宮」、「朝元閣」，參差在嵯峨與嶺峻之中，千載之下，依舊可以感受那氣勢的雄偉與工法的高超，伴隨著「月落烏啼」，是那縈繞著耳際的千年驚艷。

值得注意的是，不管是湯泉宮、溫泉宮，都還是跟溫泉相關，那麼玄宗命名為「華清宮」的意義何在呢？

說文解字

南北朝時期，王嘉編纂了一本神怪小說《拾遺記》，裡頭寫到：宋景公之世，有一位擅長看星相占卜的異士，景公用很多奇珍異食來招待他，其中一道食物就叫「華清」。什麼是「華清」呢？王嘉解釋「井水之澄華也」，就是井中最精華之水。

另外，蘇東坡貶常州之際，他將菖蒲草種植於石縫之間，送給一位禪師：

碧玉碗盛紅瑪瑙，井華水養石菖蒲。

意思是說：**如果紅瑪瑙須以碧玉碗裝盛才能顯其尊貴，那麼我這個石菖蒲就要用井華水來滋養，才能培育其避邪的香氣。**

這裡的「井華水」即「華清」水，就是井中最精華之水，具有滋養的功效。由此可知，「華清宮」的字面意思乃是，如同「井水之澄華般滋養」的行宮。

明白了華清宮的真諦，那麼華清宮上方的「朝元閣」呢？「元」代表道教修練中的「元神」，道教崇拜的最高神靈即為「元始天尊」，「朝元閣」，即在高山之上，朝向元神修練的天尊模式。

從煙霧繚繞的滋養「華清宮」，到上達天聽的修道「朝元閣」，不難看出這位六十一歲的白髮阿伯，帶著二十七歲的小女友，在天寶的眷顧中，以華清、朝元的修道滋潤，永保年輕的猛虎能量。

美人出浴

由於華清宮太美、太溫存了，玄宗乾脆直接在華清宮接待群臣，辦理朝會；這座溫泉會館，集休沐、求道、聽政為一身，成為首都長安外的一個特殊休閒政治中心。而玄宗喜好文藝，每次臨幸驪山，他總要帶上一群文臣儒士，還有他那精心栽培的梨園樂團，配合楊貴妃曼妙的舞姿，一起賦詩唱和。

白居易筆下的《長恨歌》，有如時光列車，帶我們重溫當年仙樂飄飄、歌舞曼妙的美麗悸動：

驪宮高處入青雲，仙樂風飄處處聞。緩歌慢舞凝絲行，盡日君王看不足。

歌唱累了，舞跳乏了，那就泡泡湯泉，鬆弛一下筋骨，滋潤一下嗓喉吧。於是最令人期待，最讓人臉紅心跳的鏡頭出現了：

春寒賜浴華清池，溫泉水滑洗凝脂，侍兒扶起嬌無力，始是新承恩澤時。

在《詩經》中，形容美女的肌膚有如油脂般光滑柔白，叫做「膚如凝脂」，現代女性怕胖，崇尚病態的纖瘦身材，如果用脂肪來形容她的皮膚，肯定翻臉。但是古代物資缺乏，一位女性可以營養充裕地展現豐腴光華如同脂肪般的肌膚，那可是百年一遇優質美人。

唐朝是有自信的國度，連女人都可以當皇帝，這位女性的肌膚當然也要大方自在展現雪白透亮的健康美；楊貴妃是著名的胖女人，白居易充分掌握那如同脂肪般柔亮晃動的鮮嫩胴體，搭配水質細滑的驪山湯泉，更是透亮了貴妃出浴時的迷人曲線。

就是這一幕，讓年屆耳順的唐玄宗，彷彿重新尋獲生命的不老祕方，「雲鬢花顏金步搖，芙蓉帳暖度春宵」，與脂肪美人，共同沐浴在雲霧繚繞的白色溫暖之中，這不是極樂世界，什麼才是呢？

根據流傳的史料與考古發現交叉比對：華清宮的沐浴場有九龍湯、海棠湯、太子湯、少陽湯、宜春湯、星辰湯、小湯、長湯等十六所，其中「海棠湯」正是楊貴妃的專屬浴池。

北宋文人樂史，醉心於唐玄宗與楊貴妃的愛情故事，蒐集相關史料，完成了《楊太真外傳》一書，其中敘述玄宗召見楊貴妃，此時貴妃醉酒未醒，不能拜，玄宗笑曰：

「豈妃子醉，直海棠睡未足耳！」

意思是說：**這哪裡是妃子醉酒，簡直就是嬌媚的海棠花春睡未足啊！**

楊貴妃與海棠花，就此開啟了美麗的邂逅。

海棠湯，石砌如海棠，亦取海棠春睡未足之義，正襯托貴妃浴湯出水之際，乳白脂膚上殘留著湯珠，如海棠花著露之嬌艷柔媚。

楊貴妃泡湯的畫面太美了，至此，驪山溫泉擺脫了秦始皇戲弄仙女的負面形象，如同韓國啦啦隊女神帶動了職棒人潮，驪山華清宮也成為唐詩的創作中心，舉凡叫得出名號的唐朝詩人，都必須到此朝聖。

李白來了

唐朝有一個特殊的機構，除文學人才外，醫卜、方伎、書畫、甚至僧道等皆可入選，主要是供皇帝遊樂消遣的機構，俗稱「翰林供奉」。

由於華清宮文學流行，唐玄宗特別遴選擅長詩詞的人才入居翰林，此時有一位年輕人，憑藉著高超的作詩才華，來到了長安城。

雲想衣裳花想容，春風拂檻露華濃。
若非群玉山頭見，會向瑤台月下逢。
——《清平調》

「看看窗外的芍藥（即牡丹花）就會想起貴妃我的容貌，當然只有在仙女所居的瑤台才有我這樣的美人兒。」也許早已聽膩了旁人用陳腔濫調歌頌她的美，卻從來沒有一個人像這位詩人說得如此生動好聽。這位年輕人只用了短短三首《清平調》，就把楊貴妃的國色天香、天生麗質，捧得活靈活現、心花怒放，玄宗看了亦是歡喜高興、雀躍不已！

於是玄宗將這位年輕人，安置上御駕車隊，浩浩蕩蕩向東，來到了氤氳繚繞的溫泉會館。

壯麗的環山宮殿，高雅的溫泉景致，還有那帝王的威嚴氣象，深深震撼、衝擊年輕人的心靈，他自信地認為，從此以後，他將伴隨玄宗身邊，一展鴻圖，大唐，就是他的繡口盛唐。

回到長安城後，遇見了老朋友，他興奮地寫下《溫泉侍從歸逢故人》：

漢帝長楊苑，誇胡羽獵歸。
子雲叨侍從，獻賦有光輝。
激賞搖天筆，承恩賜御衣。
逢君奏明主，他日共翻飛。

大意為：

就像當年的楊雄陪伴漢武帝在長楊苑羽獵一樣。
我今天也陪伴皇上在驪山溫泉羽獵，也獻了一篇文彩炳煥的文章。
皇上非常激賞我的生花天筆，當即就賞賜御衣一件。

今日遇見你，他日我會向皇上推薦你，我們一起青雲直上吧。

可惜這位年輕人不懂得他的身分只是一位文學侍從，在一次的醉酒中，命玄宗寵愛的宦官高力士，脫下他臭臭的鞋靴；再令貴妃幫他捧硯台，讓他盡情作詩揮毫。這還不是最誇張，最後他不勝酒力，嘔了一地，居然叫玄宗幫他擦嘴巴……

肝硬化雖然殺不死他，但是他還是得攜著那只中了魔咒的小酒壺，一起離開長安城了，消失在打撈起的朦朧月色當中。這位瘋狂的天才詩人，就是我們熟悉的大詩仙——李白。

「酒入豪腸，七分釀成了月光；剩下的三分嘯成劍氣，繡口一吐，就半個盛唐。」少了李白，半個盛唐也跟著他，一起晃進了樽中月影，靜靜地等待漁陽鞞鼓的毀滅倒數。

天寶十四年，那位玄宗大寵臣安祿山造反了：叛軍攻入了洛陽，玄宗偕貴妃奔蜀，華清宮遭到叛軍的大肆破壞，就此消失在歷史的灰燼當中。

餘響

三百年後，當大文豪蘇東坡來到了華清宮遺址，美麗的湯泉餘溫仍在，只是當年的繁盛早已成為逝水年華，消失在聲聲的喟嘆之中：

〈湯泉〉然坐明皇之累，為楊、李、祿山所汙，使口舌之士，援筆唾罵，以為亡國之餘，辱莫大焉。

——〈書遊湯泉詩後〉

原來華清溫泉因楊貴妃而名揚天下，卻也因楊貴妃而為世人所唾棄：正是因為玄宗與貴妃的荒淫泡湯，才讓唐朝走向衰敗滅亡。然而溫泉何辜呢？帝王的荒唐為什麼要連累無辜溫泉呢？

蘇東坡不虧是蘇東坡，能夠不隨世俗的評價，真正欣賞溫泉的美麗。

武則天的殘暴，形塑了唐玄宗李隆基堅毅的個性，也為開元盛世奠下基礎。圖為武則天真容石刻像，依武則天晚年容貌雕塑而成，現存四川省廣元市皇澤寺。（圖片來源：維基公領域）

日本江戶時期畫家細田榮之所繪楊貴妃畫像。
（圖片來源：維基公領域）

力士脫靴，貴妃捧硯，清代17世紀時作。
（圖片來源：維基公領域）

可惜以東坡一人之力，無法喚起大家對溫泉的重視。華人社會自古以來就是高度泛政治化的群體，溫泉被冠上亡國的罵名，使得華清宮的盛宴，徹底成為歷史遺跡。

然而溫泉消失了嗎？別著急，遠渡重洋的遣唐使，正一點一滴，完美復刻大唐的泡湯氤氳，伴隨著陣陣煙嵐，裊裊地飄往東方仙島。

貳、「大唐泡湯」東渡日本

根據古老傳說，有一隻腳受傷的白鷺，正在痛苦之際，發現腳下的石頭縫隙間冒出了泉水，白鷺將受傷的腳泡進去，不久傷口就癒合了，展翅高飛而去。見到這一幕的人感到不可思議，也紛紛試著泡溫泉，身體的疲勞都消失，疾病也都痊癒了！這座療癒身心的溫泉，就是日本三大古湯之一的「道後溫泉」。

「道後溫泉」所在地松山市愛媛縣，就是古代的伊予國。根據西元七一三年《伊予國風土記》的記載：「大國主命」和「少彥名命」兩位神明前往伊予旅行時，少彥名命因急病所苦，大國主命做了海底管道，把大分縣鶴見岳腳湧出的「速之湯」（即現在的別府溫泉）引到「道後溫泉」並治好了少彥名命的病。病癒後的少彥名命還興奮在石頭上手舞足蹈呢！

讀了神話傳說還不過癮，一定要來「道後溫泉本館」打卡。

「道後溫泉本館」於一八九四年（明治二十七年）改建舊湯屋而成，一九九四年被指定為國家文化財，她最為人所津津樂道的，就是《神隱少女》中，湯婆婆油屋的靈感創作來源，同時也是日本文豪夏目漱石的小說《小少爺》（坊ちゃん）場景中的道後溫泉本館。

漫步在本館東南方的山丘上，有一座特別的神社「湯神社」，這座神社供奉著，就是道後溫泉的創立守護神「大國主命神和少彥名命神」。而那顆少彥名命跳舞的石頭「玉之石」，現在也供俸在道後溫泉本館北側，讓這美麗的傳說，繼續舞蹈傳承下去。

值得一提的是，溫泉館極具風格氛圍的是最上層的「振鷺閣（Shinroukaku）」。振鷺閣內設有吊燈，外頭窗子上鑲嵌著西洋彩繪玻璃，入夜後吊燈亮起，光影與彩繪玻璃的美麗邂逅，綻放迷幻的紅色光芒，更增添迷濛的無限想像。

此外，吊在頂棚下的太鼓，每天會敲響三次報時，與遊客泡湯時的雀躍心情，共同交譜出

「道後溫泉本館」，右上方為綻放迷幻紅光的「振鷺閣」。
（圖片來源：photo AC）

道後溫泉位於松山市愛媛縣，與台北市松山區有相同的漢字地名「松山」，彼此締結為姊妹市。上圖為日本松山市參加「2025台北燈節」，以道後溫泉為題材的花燈作品。
（圖片來源：作者自攝於松山車站）

「最想保留的日本聲音風景一百選」；更特別是，「振鷺閣（Shinroukaku）」上方站立著一隻白鷺，正是那隻傳說中的美麗白鷺，彷彿即將展翅高飛，準備讓世人留下驚鴻一瞥的聲聲讚嘆。

在日文中泡溫泉仍然保留漢語「泡湯」的詞彙，為何在中國沒落的湯泉文化，遠渡重洋後，卻能找到全新的生命呢？就讓我們循著繚繞的氤氳，共同尋找那美麗的大和溫度。

白色之美

「穿過縣界長長的隧道，便是雪國。夜空下一片白茫茫。火車在信號所前停了下來。」這是日本諾貝爾獎文學獎得主——川端康成著名小說《雪國》著名開頭段落，為整篇文學作品奠定了白色的基調。

白色：對於日本人來說，總是有股難以抗拒的絕對耽溺。平安時期最受歡迎的唐朝詩人白居易，其《寄殷協律》：

琴詩酒伴皆拋我，雪月花時最憶君。

其中的「雪、月、花」成為日文中代表自然界的美麗景物。仔細留意到「雪」和「月」都為白色，而「花」一般也特指白色的櫻花。有趣的是，連作者白居易都姓「白」，這是巧合嗎？

在日本傳統婚禮儀式上，新娘身著名為「白無垢」的素白和服、濃施白粉、頭裹白紗；在神社、寺廟中，用白砂鋪成神路，在石燈籠外面貼上白紙，就連蠟燭也是白色的；在傳統的藝妓歌舞伎中，白臉代表正面人物，紅臉代表反面人物；日本國旗中，正中央是紅太陽，底色則是大片的白地；《神隱少女》中的白龍、無臉男的臉，都是白色。

白色在日本人心中是永恆不變的主色調，象徵著一切的清明、純潔與靈性。

看到了白色，您是否想起道後溫泉的白鷺傳說呢？

在日本文化中，白鷺鷥不僅是一種美麗的鳥類，還象徵著純潔、優雅與自由。這種華麗的鳥類在日本文學、藝術及民間傳說中扮演著舉足輕重的角色。

白鷺鷥雪白的羽毛如同冬季的初雪，輕盈的步伐彷彿優雅的舞者，自由自在地在蔚藍的天空中翱翔，展現出一種無拘無束的逍遙裊裊。

著名浮世繪畫家葛飾北齋的作品《白鷺鷥與富士山》中，棲息在松樹枝上的白鷺鷥，其優雅潔淨的白色羽毛，與遠方大片富士山崇敬的白融為一體，增添了一層寧靜與優雅的氣息。

鏡頭來到姬路城，位於日本兵庫縣姬路市的美麗白色城堡，是日本首座被列為「世界文化遺產」的城堡。由於她形態優美猶如白鷺展翅，也被稱為白鷺城。在四百多年的歷史之中，姬路城雖歷經幕末戰亂，甚至在第二次世界大戰中遭遇空襲，城之本體奇蹟地避過祝融之禍。使其博得「不戰、不燒之城」的美譽。這不正是白鷺鷥才擁有的高雅福氣嗎？

一九六八年十一月，為了紀念江戶在明治維新時期成為東京一百週年，由淺草觀光聯盟發起，盛大舉行白鷺之舞的儀式遊行。為了復原幕府時期的白鷺舞姿，淺草觀光聯盟特別參考淺草寺所收藏的歷史畫卷《慶安緣起繪卷》。繪卷中描繪了白鷺之舞：武士、揮棒者、撒餌人、大傘、白鷺、樂師、守護童子們等人，皆著平安時代（七九四－一一八五）的傳統服裝和鷺的服裝，完美呈現這項源於京都的祈福儀式。

形態優美猶如白鷺展翅，白色基調的姬路城，呈現出日本對於白色的迷戀。
（圖片來源：photo AC）

白鷺可以是溫泉傳說、藝術的圖像、美麗的城堡，她更可以化身為韻律的動作，翩翩起舞。如果把白鷺作為日本吉祥動物的代表，相信也沒有人會反對。

那麼白鷺作為日本文化的圖騰基因，其關鍵因素是什麼？其實就是「白」。當初雪緩緩落下的聲音喚醒湯泉的裊裊雲霧，白鷺鷥雪白的羽毛優雅地漫步其中，這樣的白，是種心靈潔淨式的感動。

遠處，山巒覆蓋銀白；近處，地熱蒸汽如輕紗般瀰漫，交織出一幅奇幻而浪漫的景象。泡在溫暖的湯泉中，仰望雪花緩緩飄落，天上的落白與水起的蒸騰白，一冷一熱美麗邂逅，那瞬間的療癒與浪漫，是令人屏息的無限皚皚，您能不痴戀這樣美麗的白色溫泉浪漫嗎？

潔癖耽溺

一本叫《日本留學一千天》的書裡，記述了一位中國留學生在日本寄宿家庭，為了融入日本文化，面對一天必須洗兩遍澡的尷尬情緒。每天清晨，不管天氣有多寒冷，她都必須光著腳，跳進陰森森的浴室，哆嗦著擰開淋浴器；夜晚回來，再累再睏，也得再去一次浴室，哪怕身上沒有一點汗垢。

另外一位旅日友人，也跟我講述他在日本的洗澡經驗：有一次我們去住日本朋友的別墅，早上去爬山，傍晚回來後，因為滿身是汗，大家就都先洗澡，然後吃晚餐。睡覺前，日本主人非常熱心地問我們，要不要再泡澡啊？原來在睡前的泡澡，才是真正意義的洗澡，剛剛那種把汗洗掉的澡，並不算洗澡。

如果看官覺得上述情節可信度不高，那麼在日本的動漫卡通中，不斷出現的泡澡畫面，可以確認「日本人愛洗澡」，確實是一個不爭的文化現象。

事實上，在現代日本中，仍然保留一種古老的行業——錢湯（せんとう）。所謂的錢湯，顧名思義，就是花錢泡湯，這是一種日本特有的收費公共浴池，接近我們台灣社會的三溫暖。諷刺的是，日本的「錢湯」屬於傳統文化的觀光產業，錢湯業者會在門口掛立日本文化廳所頒設的「登錄有形文化財」看板，每年吸引大量海外觀光客來朝聖。但是台灣的三溫暖卻屬於八大特種行業，被警察機關列為治安特區的經營場所。同樣為澡堂，一為政府所獎勵，一為警察所監督，文化國情不同，確實令人唏噓。

日本政府以「有形文化財」獎勵錢湯經營，可知公共浴室確實是日本的傳統文化，究竟是「溫泉泡湯」促使「錢湯」興盛？還是「錢湯」流行帶動「溫泉泡湯」，現今已不可考，不過從兩者間都帶有漢字「湯」，可知雙方的關係非常密切。

佛教沐浴

日本古書《今昔物語》，是日本平安時代（七九四－一一八五）末期的民間故事集，有點類似中國的《世說新語》。根據日本民俗文化研究家町田忍的研究，《今昔物語》中即有「邀友上東山，一起洗湯浴。」的記載，由此可見，平安時代的京都極可能已有公共浴室錢湯存在了。

當然，沐浴文化可能更早起源於日本飛鳥時期的佛教淨身儀式。

所謂的「飛鳥時期」乃是設都於奈良城南方二十五公里處的「明日香村」（あすかむら）時期。由於「明日香村」四字不好敘述書寫，在後來頒布的「好字二字化令」中，將地名改為二字的好名字，於是形成了漢字「飛鳥」之名。

飛鳥時期最重要的歷史人物就是那位大力進行改革，派遣使者向隋、唐學習，並將佛教文化帶入日本的聖德太子。

佛教本來就有浴佛的傳統，每年的浴佛節，各大寺院會舉辦清水澆淋佛像的莊嚴儀式。在《浴佛功德經》裡有一段偈文：

我今灌沐諸如來，淨智莊嚴功德海。

如來即是佛的意思，灌沐如來的同時，就是洗我們內在身心的污穢，可以讓我們身心能得到潔淨、安康。另一本佛經《溫室經》亦云：「洗浴除垢，其福無量。」原來不只浴佛可以清淨功德，就連自我清潔沐浴，功德亦是無量。

這樣清潔沐浴的佛教文化，經由聖德太子的推廣，

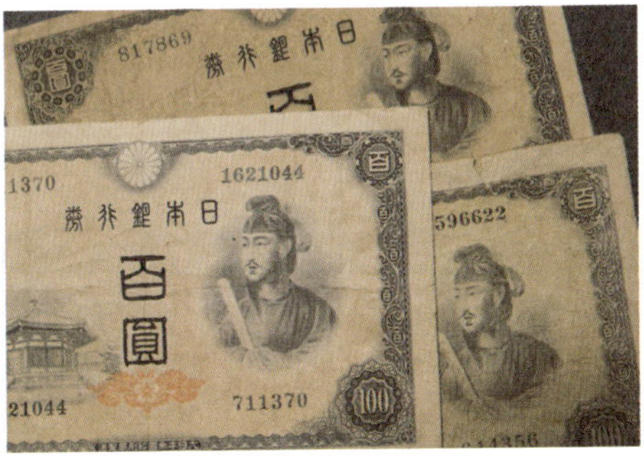

日幣百元鈔票上的聖德太子像。
（圖片來源：photo AC）

深入日本各大寺廟中：大寺廟為了布道，吸引民眾前來，在寺院內修建「湯屋」，供平民免費入浴。奈良東大寺現今還保存有當時的「大湯屋」（おおゆや）建築物。

聖德太子所推廣的佛教沐浴儀式，一定程度上促使了日本泡湯文化的流行，加上他曾經向中國隋煬帝自稱是「日出處天子」，大大增加日本民族自信心。明治維新後，日本為了紀念他的文化貢獻，從一九三〇年發行紙幣開始，其肖像曾出現在七種不同的紙幣圖案上，堪稱日本紙幣上登場次數最多的人物。

繁華的江戶

從佛教推廣的公益沐浴，過渡到世俗商業的「錢湯」活動，勢必還是得到德川幕府定都江戶後，長達百年的經濟繁華，才讓這項泡澡的行業真正崛起。

江戶時期，一位叫伊勢與市的商人，率先於今天的東京「千代田區」，日本金融銀行總部附近，修建了「錢湯風呂」。這裡出現一個難解的日文漢字「風呂」。所謂的「風呂」就是日文中的熱水浴，但是為何叫做「風呂」，卻也不可考。

日本民俗學者柳田國男推測：「風呂（ふろ）」可能來源於六世紀前出現的在岩洞中進行的原始蒸汽浴，因為「風呂（ふろ）」的發音與表示岩洞或地下室的「室（むろ）」發音相似。由於日語的發音是早於漢字存在，很多日語詞彙在使用之初，並沒有相對應的漢字；即使後來使用了中國傳來的漢字來表音，但是由於語言的隔閡，就形成了「風呂」這樣奇怪的詞彙。

有趣的是，現今台語「阿薩布魯」，有「亂七八糟的人或事」的意思，其實就是源自日語的「朝風呂」（あさふろ），早上洗澡的意思。原來當時台灣還是農業社會，大家一早起床就要趕著工作，不會把時間拿去洗澡。但是有些男人，流連於風月場所，銷魂一晚之後，在清晨才會洗澡「朝風呂」，所以才引申出「亂七八糟的人或事」。

言歸正傳，總之「錢湯風呂」，在江戶幕府安定繁華的經濟加持下，配合日本傳統的泡湯文化，開始大肆流行。短短十年間，江戶地區的每個街區，有如雨後春筍般，冒出了許多規模不等的各式錢湯。

參勤交代

值得一提的是，江戶時期，由於參勤交代制度的出現，在一定程度上，也促進了錢湯的繁榮。

一六〇三年，德川家康以征夷大將軍的身分在江戶（東京）設立幕府，開啟了德川幕府的時代。此時儘管是天下統一，但由於日本政體是屬於封建制度，各地手握軍政大權的地方大名（藩主），僅僅是名義上臣服幕府，稍有齟齬，隨時都可能舉兵叛變。面對這樣的威脅，德川幕府發明一項絕妙的人質外交制度——參勤交代，奠定了幕府三百年長治久安的穩定基礎。

幕府規定，地方藩主大名妻小，必須安置於江戶作為幕府的人質，而各大名每隔一年再從領國前往

江戶探望妻小，此為「參勤」；在江戶藩邸生活一年後，再與其他大名交接，然後回國，即為「交代」。

一六三五年，德川第三代將軍開始將「參勤交代」制度化，各地大名必須嚴格遵守，否則將視為對大將軍的不敬，遭受嚴厲的懲罰。

由於從領地往返江戶的行程開銷，對各藩來說皆是極大財政負擔；而各大名之間，為了炫耀、拚場面，也會刻意壯大出行隊伍，用以彰顯藩主的不凡實力。以最富有的加賀藩為例，出行人數就多達四千人，光點個名都覺得累。

如此一來，關乎己身實力名聲，以及對幕府忠臣度的「參勤交代」，也就成了消耗各地藩主資源的有效統治手段。

園部藩參勤交代行列圖（局部）。
（圖片來源：維基公領域）

儘管「參勤交代」幾乎耗盡地方諸侯的財力，不過這樣龐大的移動進香團，卻也意外帶動沿途旅館、街道的經濟，錢湯也在這時期，獲得蓬勃的發展。

江戶地區的經濟繁榮，再加上參勤交代前來江戶的大名藩主及其隨從，都是血氣方剛的武士階級，錢湯也慢慢發展出「湯女」的加值服務。

湯女、男女混浴

所謂的湯女，就是提供男性顧客梳頭、搓背，或是浴後喝酒、聊天，甚至是加料「性服務」的女性。

這種洗澡一條龍的套裝服務，風靡了整個江戶城，每家錢湯的生意火熱、門庭若市，甚至影響江戶舊有風化區，現今淺草寺後面「吉原遊廓」的買春消費人數。

眼看著這個澡堂小弟搶走了自己的生意，為了求生存，吉原風化區不得已，只好從遊廓中派出自家的遊女（妓女）到錢湯服務。吉原的遊女雖然身分低微，但基本上受過才藝訓練，詩歌樂曲不在話下，才貌出眾者，還有機會從練習生，搖身一變，成為地位崇高的女團花魁。

然而這群可能是未來的女團花魁，在錢湯熱潮的衝擊下，最後居然得兼職成為幫客人洗澡的湯女，這也成為江戶地區特殊的文化現象。

由於錢湯是澡堂經濟，卻夾雜了性交易的湯女，造成了管理治安上的困擾，於是江戶幕府開始取締「湯女」服務；但是由於上門消費的，本來就是武士階級、幕府成員，取締的成效有限。在屢禁不止的窘境下，幕府也只得放任，最後居然出現在當代的日本動漫中。

日本動畫電影《神隱少女》中，湯婆婆開的「油屋」（錢湯），其實就是高級泡湯澡堂的風俗店，小千其實是被賣給湯婆婆的雛妓，失去自己的名字，只剩下從業的花名「小千」。片中也有不少性暗示的場景，像是小千抓住了腐爛神的「腳踏車握把」，拉出來後水花四濺，湧出「白色條狀」河神本體，是不是讓人想入非非呢？事實上，現今日本愛情動作片中，動輒出現澡堂沐浴的服務場景，其源頭都可以追溯至曾經盛極一時的「湯女」。

由於「湯女」服務是屬於有料的額外加購，部分民眾可能負擔不起，為了能夠讓視覺泡湯，擴大服務到各式階層，腦筋動得快的商人居然發展出令人匪夷所思的「男女混浴」。

所謂的「男女混浴」和「湯女服務」的最大區別在於：「湯女服務」屬於額外的加購品

項，類似會員資格，並不對大眾開放；而男女混浴則是沒有這樣的限制，只要負擔便宜的費用，任何人都可以參加。

有趣的是，男女混浴最後居然成為一種流行，除了日本開放的性文化外，最主要還是商家的經濟考量。因為男女混浴只要提供一個浴池，就可以符合大家的需求，如果要男女分開，則必須另外準備浴池，增加營運成本。

西洋人視角

荷蘭海軍軍醫彭佩（ポンペ），一八五七年他被幕府邀請到海軍訓練學校擔任醫官，他在長崎居住了五年，回國後將見聞寫成了日記，其中對於日本民眾使用錢湯有生動的描述：

在錢湯裡，我看到了許許多多非常奇異的景象。我要說的是，他們不論男女老幼，全都在同一個浴槽裡洗澡，但卻沒有發生任何令人難堪的事情。不，或者應該說，進去洗澡的人根本不在乎別人的性別。因為他們心裡只擔心一件事，深怕自己落到最後。為什麼？如果落到最後才進浴槽，別說身體洗不乾淨，身上甚至會髒得令人作嘔呢。

不僅如此，還有另一件更奇怪的事情呢。他們洗完澡之後，不論男女都是光著身子從浴場直接走上大街，如果住家就在附近的話，通常就那樣回家了。那些人全身泡得紅通通的，身上仍在不停地滴落大粒的汗珠，但誰也不覺得有什麼稀奇。

——《ポンペ日本滯在見聞記：日本における五年》，沼田次郎著、荒瀨進翻譯，雄松堂書店，一九六八年十月。

此外，美國海軍准將培里（Perry）率艦隊駛入江戶灣浦賀海面，要求日本開港通商，幕府被迫簽定不平等條約《神奈川條約》，由於這些船隻船體被塗上有防止生鏽的黑色柏油，日本人稱為「黑船」，俗稱「黑船事件」。

培里曾經短暫上岸，在他筆記中，也記載了當時日本錢湯的情形：

日本靜岡縣的下田港，日本幕末時期開港，並以美國「黑船」來航而聞名。如今亦有黑船一艘供遊客搭乘。
（圖片來源：photo AC）

每一個町裡都有男女混浴的公共浴場，不論男女都光著身子，看到別人裸體也不在乎。像他們這樣隨便混在一起洗澡，不免讓人懷疑他們的道德觀。

——《ペルリ提督　日本遠征記》，鈴木周作譯。

荷蘭軍醫彭佩與美國將軍培里，大約在相同的時間來到了日本。彭佩受雇於幕府，對日本特殊的男女混浴風俗較能包容；而培里則是以征服者的姿態，採取批評的態度。

由於黑船的出現，給日本帶來莫大的騷動衝擊，明治維新時期，日本開始引進西方的先進文化。大多數的外國人對日本「男女混浴」多所批評，甚至認為有礙社會文明，迫於國際壓力，明治政府以「於風俗不宜」的理由屢頒禁令，但是就如同女湯般，同樣是屢禁不止。

親子共浴

宮崎駿所執導動漫電影《龍貓》（となりのトトロ），以一九五八年的日本為背景，講述了一位大學教授帶著兩個女兒，在鄉村與森林守護者「龍貓」互動的故事。電影聚焦於日本

在高度經濟發展前的自然純樸，那個只有純真的小孩才能看見的美麗奇幻世界。《龍貓》在全球廣受好評，只是當年要在美國上映之時，老外看這一幕，卻嚇呆了：大學教授和他的兩個女兒，居然一起共浴洗澡。

如同當年培里將軍看到男女共浴的震撼，這是戀童癖嗎？美國一度想要剪掉這段有礙觀瞻、不合倫理的片段，但是後來為了尊重原著還是保留下來。

另外一部經典卡通《櫻桃小丸子》：小丸子就算上小學三年級了，還跟爸爸、甚至爺爺一起泡在澡缸享受天倫之樂。而這在日本文化似乎是稀鬆平常，完全無需扭捏、害羞。但是看在外國人的眼裡，卻是荒謬、噁心到不可思議。

為什麼堪稱文明先進的日本，卻仍然保有親子共浴如此奇怪的文化呢？其實答案就在前頭所提，日本明治政府屢禁不止的男女混浴。

由於日本人愛洗澡的天性，在浴室設備尚未普及之前，全家大小一起上澡堂洗澡，就如同荷蘭海軍軍醫彭佩的觀察一樣，這是非常普遍的現象。這也可以解釋，為何明治政府對於男女混浴屢禁不止，因為對一般人而言，如同全家人共同出遊，這可是促進天倫情感的家庭時間，不是那些無理外國人眼中的下流、不道德。

戰後，隨著日本的經濟起飛，浴室早已成為家家戶戶標準配備，曾經盛極一時的「錢湯」，也逐漸消失在人們的記憶中。不過那「促進天倫情感的家庭時間」，卻完整地被保留下來。

二〇二〇年十二月，日本政府厚生勞動省修正「孩童混浴年齡」參考標準，通知各地方政府「大致上超過十歲就不要讓小朋友混浴」，這是日本時隔三十三年再度修正孩童混浴年齡標準，不難看出傳統文化與當代價值的拉鋸拔河。

潔癖基因

崇尚白色、迷戀溫泉、喜歡泡澡、男女混浴、親子共浴，不禁令人好奇，這樣深植於日本民族的洗澡基因是如何形成的？

事實上，日本是一個自然災害頻仍的島嶼國家，地震、洪水、雪災、海嘯……在惶恐不安、朝不保夕的地理環境中，如何把握短暫生命，努力去發掘屬於自身與環境獨特的潔淨之美，成為日本「物哀美學」的重要課題。

如此愛好「潔淨」的思維，反映在神話裡，就是開天闢地的神祇「伊邪那岐」（いさなき），在結束地府黃泉國的闖蕩後，必須跳入了河中，洗落了身上的污垢，才能成為聖潔的「天照大神」。

有了天照大神的神話示範，加上佛教文化的沐浴功德，再配合「物哀美學」的自我觀照，於是「潔癖」成為日本文化的深層基因，表現在顏色上，就是對於白色的耽溺；落實在生活中，就是溫泉、泡湯文化的盛行不衰。日本不僅用溫泉、泡湯來呈現潔癖，日本街道、周遭環境的整齊乾淨，亦是潔癖精神的精緻展現。

二〇二〇年卡達世界盃足球賽如火如荼展開，日本以二：一爆冷門逆轉擊敗德國，賽後球迷主動留下清理現場垃圾，參賽球員則是將休息室打掃乾淨。將衣服折疊整齊、衣架物歸原位，桌上更放著十一隻「紙鶴」，並用日文、阿拉伯文寫著「謝謝」。

日本球員、球迷的高素質潔癖文化，贏得全世界的一致讚揚。有趣的是，當中國足球隊也有樣學樣，主動打掃休息室，留下感謝的字條，營造友善清潔的好形象，卻遭到網友狂酸。

同樣是清潔的好模樣，為何卻有不同的待遇呢？

兩千年前的汨羅江畔，曾經有一位詩人，「舉世皆濁我獨清。」堅持自身清潔，卻遭到眾人排擠，形容枯槁，遊於江潭。此時詩人巧遇一位漁父：「世人皆濁，何不淈其泥而揚其波？」

大家都髒，那就跟大家一起髒，一起同流合汙，不是很快樂嗎？幹嘛自命清高，搞到大家不喜歡你？詩人感慨地說：我寧願赴汨羅江流，葬身於江魚之腹中，也不能用我潔淨的身軀，去蒙受塵世的汙穢啊！

原來中國也曾經有一位「潔癖主義者」，但是他卻被眾人排擠，還被漁父揶揄，最後只能跳江自殺，結束自己的生命。兩千年後，我們雖然還記得划龍舟、吃粽子，但是卻沒有人記得，其實這位詩人，是很愛乾淨的。

原來，「潔癖」確實是一種渾然天成的文化，是學不來的，正是這樣不做作傳統，才能將美麗的泡湯氤氳傳承千年，歷久不衰。

迫於當代文明壓力，現代日本湯屋多已改為男女分浴。
（圖片來源：photo AC）

參、泡湯的歷史困惑

日本溫泉文化和中國一樣，皆有美麗浪漫的神話傳說，亦有溫泉療效的情節強調。然而令人疑惑的是，日本的溫泉神話是一脈相傳，至今仍為人津津樂道，甚至設立神社加以祭祀；但是中國的溫泉神話，卻湮沒在浩瀚的古籍史料中，就連歷史悠久的華清宮溫泉，也早已在荒煙蔓草裡傾頹埋恨。

究竟是什麼原因，讓溫泉漢字「湯」的起源地，揚棄自身美麗的神話；而遠渡東瀛的「泡湯」，卻延續至今呢？其實我們可以從兩方的神話傳說、民族性格大概識其端倪。

神話的政治性格

中國湯泉神話起源自殷商民族崇尚先祖的「太陽洗澡」神話物語。這類型的神話帶有國家民族的強烈色彩，在武王伐紂、消滅殷商、改朝換代後，自然遭到揚棄，於是美麗的太陽洗澡之「湯」，淪落到凡俗飲食中熱水之「湯」。

儘管後來秦始皇重新恢復驪山「湯」之名，但是由於秦始皇的歷史形象不佳，此一「正名運動」並未替溫泉獲得正向加分效益，連大史學家司馬遷都不屑替「驪山湯」留下歷史紀錄，最後是由一位漢朝不知名的人士所撰寫的地理書《三秦記》才勉強幫「驪山湯」刻畫上歷史印記。諷刺的是，這本《三秦記》至隋唐之際就已亡佚。幸好清代學者王謨、張澍從古籍中輯出七十四條，編為一冊，秦始皇的「驪山湯」才重現光明。

然而，中國另外一本地理書籍《水經注》，卻因為作者酈道元的文筆極佳，備受後世推崇，因而完整地保存下來。看來文字的美麗勝過溫泉的氤氳。

《水經注》中極力稱頌溫泉的療效，酈道元還引了一則傳說故事，大意是秦始皇菲薄了仙女，仙女懲罰始皇臉上長膿瘡，始皇覺得恐懼道歉，仙女取出溫泉敷在臉上，洗除始皇的膿瘡。

這則傳說故事本是要宣揚溫泉的療效，但是故事的主角卻是由秦王來擔綱，其褻瀆仙女的醜陋行徑，更是呼應本來就狼藉聲名的歷史形象。這樣的故事顯然不適合作為溫泉的宣傳，由此可知，代言人的選擇確實很重要。

儘管後來驪山溫泉改造成美麗的華清宮溫泉會館，玄宗與楊貴妃的愛情故事，更是躍上詩歌大銀幕，成為後人津津樂道的長恨歌泡湯情侶。

但是身為安史之亂的頭號戰犯，楊貴妃在馬嵬坡被吊死，玄宗更是只能倉皇地躲入四川，讓太子肅宗來收拾殘局。曾經華麗大銀幕的溫泉會館，如同殷紂王的酒池肉林，只能無端背負上嬉戲亡國的罵名，靜靜地走入歷史塵埃中。

宋代的道德批判

唐朝過往後，宋代庶民文化的興起，溫泉其實是有機會重新成為一種流行的時尚。怎奈宋朝的大片江山燕雲十六州遭到異族占領，北宋政權歷經一百六十年皆無法將其收復，甚至簽訂羞辱性的澶淵之盟，不僅與遼國互稱兄弟，每年還必須繳納大量的保護費來換取和平。

宋朝士大夫吞嚥不下這口氣，只能在紙筆上做功夫：標榜自身的文化道德崇高，用以遮掩國政軍事失利上的晦氣；於是與宋朝接續的前一個華麗朝代——唐朝，也就成為宋朝讀書人恣意批評宣洩的情感出口。

曾經協助司馬光編纂《資治通鑑》的史學家范祖禹，將唐代歷史資料獨立寫成《唐鑒》一書，茲引其重要段落：

唐有天下，如貞觀、開元間，雖號治平，然亦有夷狄之風也，三綱不正，無父子君臣夫婦。

唐朝是繼漢朝以來，第二個疆域遼闊的中國盛世，不僅無需使用長城作為守備防護，唐太宗亦是被遊牧民族尊為至高無上的「天可汗」，勢力更是遠及今日亞洲要地阿富汗。即使擁有如此崇高的豐功偉業，但是看在國土被異族占領的宋朝士大夫眼裡，這些華麗過往，通通是道德不正的夷狄之風。

瞧！作為「天可汗」的唐太宗，不僅殺了自家兄弟，還霸占了他們的妻妾，甚至逼迫父親唐高祖退位。大名鼎鼎的武則天，曾經是唐太宗的妃子，再成為兒子唐高宗的皇后。那位溫泉最佳女主角楊貴妃，更是情人唐玄宗兒子的老婆。天啊！唐朝人也太亂了吧，難怪范祖禹要批評「三綱不正」（三觀不正）。

《唐鑒》在一定程度上代表了宋朝人的價值觀，唐朝之所以滅亡，都是因為「三綱不正」，為了避免重蹈覆轍，宋朝沒有殺父弒君、沒有皇族內亂、藩鎮不割據、宦官也不執政，兒子不會娶父親的妃子（武則天），爸爸不會偷自己兒子的老婆（楊貴妃），這是以唐朝為鑒而獲得的成果。

然而諷刺的是，宋朝人杜絕了唐朝缺點，但是唐朝國力強大的最大優點，宋朝人卻永遠望塵莫及。

換言之，唐朝僅僅作為宋朝讀書人的出氣沙包；唐朝的夷狄之風，正與占領北方國土的遼國，共屬於一丘之貉的夷狄外族。責罵唐朝就是在責罵遼國，因為唐朝沒有道德而滅亡，正是昭示著同屬夷狄的遼國也會遭受滅亡的歷史命運。

行文至此，看官們應該不難理解，為何富麗堂皇的華清宮溫泉文化無法在宋朝的庶民文化中復興，因為唐朝溫泉已經背負沒有道德的歷史印記，她不僅包裹著楊貴妃、唐玄宗這對溫泉情侶的歷史罵名，還有那宋朝士大夫複雜的民族情感。

宋代以後，溫泉雖然繼續以療效、舒適的功能為人使用，但是由於傳說神話的斷層、唐朝的負面印記，溫泉無法形成一種共通的流行文化，更無法作為中國文化的代名詞。

肆、日本溫泉在台灣短暫回眸

日本殖民台灣時期，發現北投地區擁有豐富的地熱溫泉資源，在溫泉民族性的驅使下，逐漸匯聚了許多日本人。大阪商人平田源吾看準了這項商機，在現今「日勝生加賀屋溫泉旅館」的位置，開設了台灣第一間民營溫泉旅館——「天狗庵」。

隨著北投溫泉區的逐漸發展，泡湯遊客日益增多，為了促進地方繁榮，也讓旅台日人心靈有所寄託，平田源吾提倡仿效日本溫泉的神社模式，設立守護北投溫泉的神佛。

由於日本溫泉的守護神，多是日本神話中的人物，若以相同的神祇置入北投溫泉，難免齟齬不合時宜。為了兼容並蓄在地文化，最後決定以大家都可以接受的觀音菩薩，成為北投溫泉

台灣第一間民營溫泉旅館天狗庵，其遺址（石階），位於日勝生加賀屋旁。
（圖片來源：維基公領域，作者Pbdragonwang）

的守護神，「湯守觀音」就此誕生。

湯守觀音是平田源吾根據古書中的觀音佛像，委託工匠師傅，以石材浮雕製成，在鐵道部運輸課長村上彰一的支持下，興建觀音堂，在明治三十八年（一九〇五）九月二十一日，正式安座供奉。

「湯守觀音」這美麗的名稱，在命名之初，曾有段有趣的故事。大家集思廣益：「湯瀧觀音」、「北投觀音」、「瀧瀨觀音」、「礦谷觀音」、「溫泉觀音」、「湯谷觀音」等多種名稱，但始終覺得稱號不夠響亮，此時村上彰一課長脫口而出「壁虎觀音」，壁虎怎麼可以搭配觀音呢？大家都為這滑稽語而大笑不已。

原來日語發音「壁虎」接近「湯守」，在村上的解釋下，最後大家同意以「大慈大悲北投湯守觀音大菩薩」來命名安奉。

「湯守觀音」幾度遷徙，國民政府來台後已不知去向。民國八十八年（一九九九）九二一大地震，北投普濟寺屋頂受損，造成下雨時正殿嚴重積水。管理員吳滿女士在打掃整理之際，於寺內牆壁上，發現嵌入牆壁內的湯守觀音石像。

消失近五十年的湯守觀音，再度以佛光，慈眼視眾生，溫暖守護著北投。

參考文獻

楊為剛：〈政治空間的構建與文學空間的生產：唐前期驪山華清宮文學研究〉，《魯東大學學報》，哲學社會科學版，第二十九卷第三期。

町田忍著，章蓓蕾譯：《錢湯：洗去浮世之垢的庶民社交場所》，健行文化出版事業有限公司，二〇一七年十月一日。

王曉鈴：《從弘法寺到天后宮：走訪日治時期台北朝聖之路》，時報出版，二〇二二年一月十一日。

唐詩宋詞
遇見日本抹茶

壹、開場

如果問起，什麼可以代表日本文化呢？是美到令人屏息的絢麗櫻花；視死如歸見證生命悲壯的執刀武士；還是鮮美可口令人垂涎欲滴的壽司美食？

當你還在思考之際，一抹翡翠碧綠般的亮眼光澤閃過眼幕，一色透涼的芳草幽香襲鼻而來，沒錯，那就是以獨特的清苦滋潤甜蜜，以亮綠的調色震撼視覺，鼎鼎大名——日本抹茶。

日本抹茶，不同於我們熟悉的泡茶，而是將茶葉磨成粉末，倒進茶碗沖入沸水，再用竹製攪拌器（茶筅），充分攪拌後飲用。

由於抹茶的清苦是中和甜膩的最佳搭配，到了近代，抹茶開始被運用到各式各樣的甜點飲品。諸如霜淇淋、蛋糕、拿鐵等等。舉凡可以吃進嘴裡的食物，在美食家的精心調製下，都可以奇幻變身，塗抹上那代表健康陽光的抹茶鮮綠。

然而鮮為人知的是，日本抹茶的源頭竟是中國：在唐詩宋詞裡都看得到她的嬌嫩身影。她的原始乳名叫做「末茶」，曾經風靡整個唐宋文明，火熱的程度，吸引到她的鄰居，不遠千里前來取經。

片片的翠綠飄洋過海後，保留了原始字根，加上一個提手旁，華麗轉身成為日本文化的國寶——「抹茶」。

「抹茶」在日本獲得了全新的生命，但是在原生中國，卻遭遇了坎坷的襲擊。從明朝開始，流行中國將近千年的「唐宋末茶」正式消失，改由一般的「散茶」替代，逐漸形成華人世界熟悉的茶葉泡茶模式。

究竟是什麼樣的坎坷遭遇，使我們與那千年前的綠色感動失之交臂呢？就讓我們進入國文課堂裡，一起尋找唐詩宋詞的抹茶幽香。

貳、你喝的茶不是茶？（是「喝茶」還是「吃茶」？）

這是什麼標題？明明就是茶，怎麼不是茶呢？其實這道刁難的習題並不是筆者發明的，而

日式抹茶適合加入各式糕點調味，成為美食文化的代表。
（圖片來源：photo AC）

是明末清初大學者顧炎武。

顧炎武？好熟悉的名字喔，沒錯，就是在國文課本裡寫〈廉恥〉的那位先生。

今天我們顧炎武不教〈廉恥〉了，而是換上輕鬆的服裝，在餘韻裊裊的茶房中，變身為品茗高手，帶領我們看看你喝的究竟是不是茶。

在顧炎武出場前，我們還要稍稍鋪陳另一位茗茶高人，用高人還不足以形容，茶聖才是他真正的名號，他就是完成世界第一部茶葉專著、唐朝茶裏王——陸羽。

陸羽在其偉大的著作《茶經》中斬釘截鐵地指出：

> 茶之為飲，發乎神農氏。

說起神農，大家一定不陌生，神農氏嚐百草，沒錯，就是他。據說他最後的遺言是「這草有毒！」

神農氏發明了茶葉，故事內容大概是這樣：

有一天神農氏在戶外燒開水，此時幾片茶樹的葉子在微風的吹拂下，恰巧掉入了滾燙的熱水中，神農氏小心翼翼地啜飲了一小口，感覺醇濃回甘、餘韻無窮，於是偉大的茶飲，就這樣誕生了。

「由嚐百草的神農氏，來發明中國茶葉」，這樣的推論符合我們的文化想像，就如同閱讀網路推文般，不加思索就會替陸羽按個讚。不過顧炎武可是一位大學者，他可不同意這種隨便轉發的網路文章。

顧炎武翻閱大量的史籍古書，發現在三國以前，中國並不存在「茶」字，而是以「荼」字替代。

根據古韻推斷，在中國南朝梁之際，「荼」字讀音，慢慢轉為今日「茶」音；為了區別原始「荼」字，於是在「荼」字下方，「妄減一畫」，形成我們今日熟悉的「茶」。也就是說，「茶」是由「荼」字轉音、改形而來的。

顧炎武的說法是否正確呢？

考察中國茶葉的起源，一般都會追溯至西漢辭賦家王褒所寫《僮約》。「僮」是僮僕之意，「約」是契約，《僮約》即是買賣僮僕的契約。茶葉怎麼會和買賣僮僕相關呢？這裡就要提到西漢蜀郡特殊的風土民情——勾引寡婦。

吃茶

西漢宣帝年間有一位名為王褒的辭賦家，他是四川資陽人。有一天，他外出前往北方的成都辦事，不知道什麼緣故，順道拜訪成都安志里中一個叫楊惠的寡婦。俗話說「寡婦門前是非多」，單身的寡婦容易引起流言蜚語，男人還是謹慎避開為妙。

不過漢朝的風氣似乎特別開放，王褒完全不避寡婦之門，甚至大方地住進寡婦家，兩個人快樂逍遙過起日子來。

事實上，四川蜀郡不僅僅是以三星堆遺址出名，那裡的辭賦家，都有一種特殊的風俗傳統，那就是勾引寡婦。最有名的故事，就屬那司馬相如的風流傳奇：

話說成都富商的女兒卓文君，才出嫁就剛死了老公，富商不忍女兒受苦，就接回娘家照顧安頓。

怎知道我們王褒的前輩——司馬相如，同樣也是四川成都人，偏偏就喜歡這味。在一次宴會上，演奏一首示愛的歌曲挑逗寡婦卓文君，卓文君按捺不住寂寞，當晚就逃離了娘家，與風流帥氣的司馬相如一起暗夜私奔。

這場勾引寡婦的鬧劇，本應受到社會譴責，沒想到在蜀郡的特殊民情下，居然傳為美談，甚至還被司馬遷採擷，收錄到《史記》當中。

有了前輩司馬相如的生動示範，後生王褒當然接力、賣力演出，瀟灑帥氣地住進了寡婦家，共同演繹那專屬四川蜀郡的畸形浪漫。

此時寡婦家中有一位名為「便了」的僮奴，看到男主人才剛過世，女主人就迫不及待地迎接新歡入門，而這位新歡還會不客氣地使喚僮奴「便了」上街買酒。僮奴看不下去，跑到過世主人的墓前哭訴：主人啊！您當初買「便了」時，只要我看守家裡，並沒要我為其他男人去買酒啊。

「便了」哭墳之事傳到了王褒耳裡，很不是滋味，為了滅一滅僮奴的氣焰，同時也賦予己身行徑的正當性，於是他以一萬五千錢的價格，從寡婦手中買下「便了」。

為了避免口說無憑，王褒給「便了」寫了一份買賣契約書《僮約》，裡頭包含整整一百項工作：一年到頭、從早到晚，種種勞務，鉅細靡遺。僮奴便了一看，氣焰全消，再也不敢哭墳，只能乖乖聽話。

值得一提的是，契約書中第二十七條、第二十八條分別規定：

「烹荼盡具，舖已蓋藏。」、「牽犬販鵝，武陽買荼。」

大意是說：

1. **煮荼時，器具要周全齊備，吃荼結束後，就全部收藏起來。**
2. **另外要牽走狗兒，賣掉鵝，再到四川峨嵋武陽縣買荼。**

這裡的「荼」究竟是什麼東西呢？

考量到飲食方式必須用水烹煮，而且還有固定的器具；再加上四川地區自然條件適宜茶樹生長，峨嵋武陽自古即出名茶。因此契約書中的「荼」，理當為「茶」無誤。

特別注意，上述提及飲茶的動作「餔已蓋藏」之「餔」，是什麼意思呢？

國文課本中《漁父》：「眾人皆醉，何不餔其糟而歠其釃？」「餔」即是吃。換言之，契約書中的「茶」，是拿來吃的。

茶（茶）是拿來喝的，怎麼會是吃呢？

原來早期茶葉的製程技術不發達，為了讓茶湯嚐起來更可口，經常會加入「蔥、薑、棗、橘皮、茱萸、薄荷之屬」（《茶經》），加以提味，喝茶往往也會帶有咀嚼的動作，因此「喝茶」也可名之為「吃茶」。

事實上，最早的茶葉，很可能就是當作菜餚，與五穀雜糧一起食用。

一九九八年，中國考古隊開始對漢景帝「漢陽陵」進行鑽探考察。漢景帝是漢高祖劉邦的孫子，也是鼎鼎大名漢武帝的爸爸。他在位之時，開創歷史課本中所歌頌的「文景之治」，算得上是一位歷史賢君。

這位歷史賢君墓中有什麼寶貝呢？由於戰亂與盜墓的破壞，漢陽陵中僅剩下一些陶俑、漆盒、五穀雜糧等等日常用品。

在這些不起眼的五穀雜糧堆中，細心的考古學家留意到，其中混雜一些「樹葉狀」的東西；由於這些植物存放了兩千多年，幾乎已經炭化，限於當時的技術，只能將其封存，留待來日研究。

二〇一六年中國科學家採用新的鑑定技術，成功地在出土樹葉樣本裡找到了咖啡因、茶胺酸。咖啡因可以提神；茶胺酸則有甘味的功效。在自然界中，同時具備兩者的植物，僅剩下茶葉的選項。

換言之，「漢陽陵」中出土了現存中國最早的茶葉，距今至少兩千一百五十年。

值得一提的是，這些「骨董茶葉」，其葉脈保持完整，顯示其未經過加工烘焙；再加上茶葉是與五穀雜糧堆放在一塊，周遭亦未發現烹茶器具。

專家們推斷，漢景帝時的茶葉，很有可能是作為佐料菜餚的模式，與其他食物一起煮食；也就是說，最早茶樹所採集的茶葉，是拿來吃的，而不是拿來喝的。

直至一百年後的西漢，茶葉才開始拿來烹煮茶湯，並且有專屬的器具，但仍會摻雜一些可以咀嚼的調味食材，因此仍然維持「吃茶」的模式。

有趣的是，在當代的茶飲中，雖然已經完全是「喝茶」了，但是在閩南語中，仍然保有「吃茶」的語彙，也算是語言現象中的奇特「活化石」。腦筋動得快的商人，採用「吃茶」語彙，並將「吃」改寫為古文「喫」，成功推出熱賣不衰的茶葉飲品「純喫茶」，也算見證了這傳承千年的氤氳茶香。

喝茶

西漢的茶是拿來吃的，那麼什麼時候茶才可以喝呢？

我們把鏡頭拉往三國時期的吳國，此時吳國的末代皇帝孫皓即位。孫皓是著名的暴君，史書記載他會「剝人之面，或鑿人之眼」（《三國志》），簡直就是社會新聞中的變態殺人魔。

不過早期的孫皓可是一名賢君，對待下屬超級體貼溫柔，完全看不出來日後凶狠殘暴的模樣。《三國志》有一則這樣的記載：吳王孫皓每次大宴群臣，座客者至少得飲酒七升，但有位叫韋曜的臣子酒量不好，最多只能喝二升。不過，孫皓對他特別優待，允許他少喝或賜「茶荈」以代酒。

這是最早的「以茶代酒」的故事。

讀到這裡讀者不免有疑惑，前頭所提，顧炎武認為「在三國以前，並不存在『茶』字，而是以『荼』字替代」，那麼上述在《三國志》中，「茶荈」究竟是「茶」還是「荼」？其實現今流傳的《三國志》版本，最早是來自南宋紹興年間的刻本，此時茶葉文化早已大行於天下，原始《三國志》中的「荼」字，已經被南宋人改為「茶」字。

特別注意到，上述暴君孫皓賜予大臣韋曜的「茶荈」，其中的「荈」，讀音「喘」，「茶之老葉」的意思。成書於魏晉時期南朝梁代的字典工具書《玉篇・艸部》云：

> 荈，荼荈，葉老者。

原來字典工具書，保存了原始「荼」字，「荼荈」在魏晉時期寫作「荼荈」，唐宋以後茶文化盛行，才將《三國志》中的「荼」改為「茶」。

因此孫皓賜予大臣韋曜「荼荈」代酒，可知「荼荈」是與「酒」相同的飲品，對照王褒契

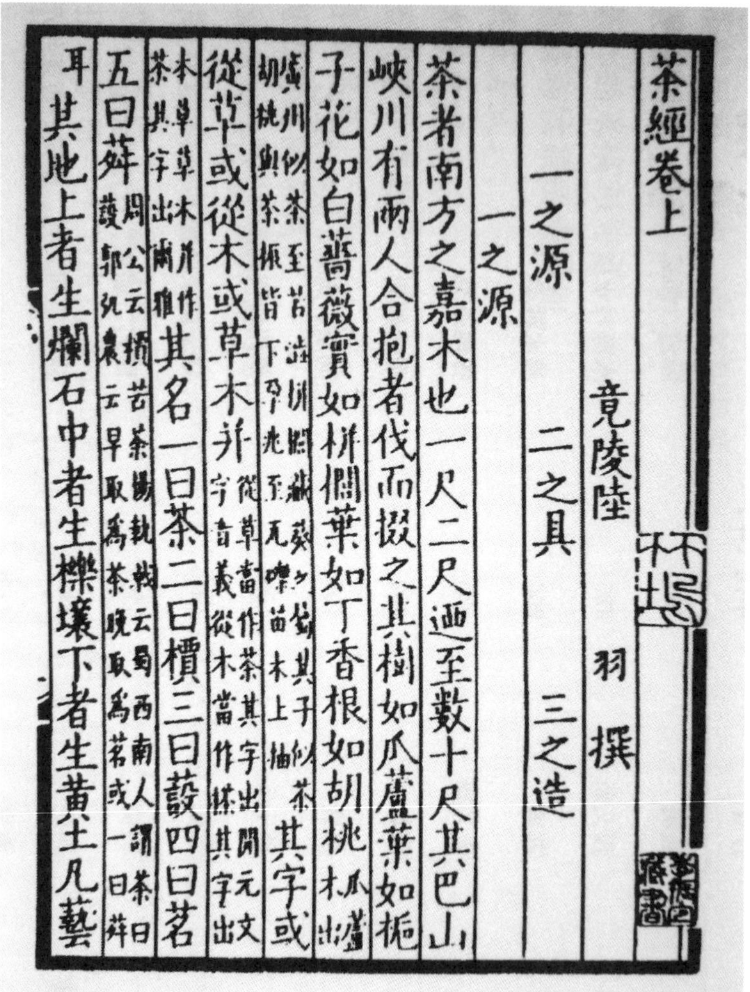

茶經卷上

竟陵陸 羽撰

一之源 二之具 三之造

一之源

茶者南方之嘉木也一尺二尺迺至數十尺其巴山峽川有兩人合抱者伐而掇之其樹如瓜蘆葉如梔子花如白薔薇實如栟櫚葉如丁香根如胡桃瓜蘆木出廣州似茶至苦澀栟櫚蒲葵之屬其子似茶胡桃與茶根皆下孕兆至瓦礫苗木上抽其字或從草或從木或草木并從草當作茶其字出開元文字音義從木當作梌其字出本草并作荼其字出爾雅其名一曰茶二曰檟三曰蔎四曰茗五曰荈周公云檟苦荼揚執戟云蜀西南人謂茶曰蔎郭弘農云早取為茶晚取為茗或一曰荈耳其地上者生爛石中者生櫟壤下者生黃土凡藝

開啟茶葉文化的時代專著：陸羽《茶經》。
（圖片來源：維基百科）

約書中「烹荼」，這裡的「荼荈」理當為烹煮過後的「荼茶」無誤。

由此可知，茶葉在西漢時期，比較接近喝湯、咀嚼菜餚的概念；到了三國時代，逐漸發展為飲品模式。值得注意的是，喫茶的王褒所在地於四川，喝茶的韋曜則是在三國的東吳，其地理位置皆位於南方高溫潮濕之地，這也符合茶樹的生長環境。

換言之，茶葉僅僅作為一種地域性飲食品，「漢陽陵」中的茶葉，當然是珍貴的進貢品，一般民眾仍然無福享受。茶葉要成為一種流行文化，得等到大唐的來臨。

參、「大唐茶葉」開箱趣

唐朝陸羽所撰的《茶經》，是世界上第一本茶的專著，舉凡茶的栽培、採摘、製作、鑑別、煮飲，在這本書中通通找得到，可以說是「茶學百科全書」。

陸羽的年代大概落於唐朝中葉（七三三—八〇四），玄宗至德宗之間，看官們不免好奇，西漢的王褒不是已經開始吃茶了嗎？為何七百年後的唐朝，才出現第一本茶的專著呢？

其實就如同前頭所提，原始的茶茶介於「吃」與「喝」之間，類似菜餚又像飲品，定位曖昧，無法形成一種流行文化。

到了中唐之際，茶葉製作技術獲得突破：將中藥材殺青、烘焙技術引入茶葉製程，不但可以抑制茶葉氧化，延長保鮮期，讓長途運輸成為可能，同時還有提味增香的意外收穫。

至此茶葉脫離了原始「荼」的苦澀侷限，在唐人的精巧改造下，不僅製程、造型、飲用獲得了全新的體驗，就連稱號也有了一個嶄新可愛的字詞，那就是——「茶」。

「茶」字的誕生

由於現存唐朝以前的文獻，大多經由宋朝人整理刻印，部分的「荼」字，已經更改為「茶」字，若僅從文獻上來判斷「茶」字的起源，確實有難度。還好，現存的唐朝石碑，提供了我們參考的依據。

佛教創立者佛陀，在其滅度火化後，門人發現佛陀殘留的骨骸中，出現許多珠狀結晶物，佛教稱之為「舍利子」。為了紀念佛陀，當一名高僧圓寂時，子弟皆會仿效佛陀，將其肉身火化，擷取舍利，作為印證修行程度的依據。

唐朝佛教盛行，從太宗到武后之間，朝廷都有大規模贊助佛經的翻譯活動。根據梵文的音譯，中唐以前，「火化」的梵文大多翻譯為「荼毗」。

舉例來說，唐玄宗時期著名高僧義淨，嚮往玄奘大師前往印度取經，卻又苦於西域沙漠的險惡環境，幾經考量下，最終決定棄陸路而走海線。

義淨首先前往南方的廣州，搭上阿拉伯的商船，最後成功抵達印度。停留十年後，再循海線回到唐朝，在武則天的支持下，開始主持佛經的翻譯工作。

由於義淨曾經在淮陰縣的娑羅樹下修行，在義淨圓寂後，開元十一年（七二三），當地官員建碑紀念其聖跡，敦請刺史李邕撰寫《娑羅樹碑記》，該碑現存「江蘇淮安府衙」，其中敘及義淨大師圓寂火化，其用語即為傳統的「荼毗」。

一百年後（八四一），另外一位佛教高僧圭峰禪師亦圓寂。唐宣宗特別追謚為定慧禪師，宰相裴休親自為其撰碑《唐故左峰定慧禪師碑》，其中亦敘及禪師圓寂火化，其用語則改為「荼毗」。

兩碑前後差距一百年，在這百年之間，茶葉世界開始有了翻天覆地的變化。

原來殺青烘焙後的茶葉，格外清苦芬芳，特別具有提神的效果，禪師打坐修練時，經常飲茶來驅趕睡魔，成就清淨。

為了推廣這芬芳清淨的祕訣，吸引更多民眾參與佛教，各寺院也設有「茶頭」的職務，專司燒水煮茶，獻茶待客，茶葉儼然成為佛教文化的一環。

因此當茶葉盛行天下之際，代表僧人一生修行的最後階段——圓寂火化，自然將陌生疏遠的生字「荼毗」，調整為熟悉平易的「茶毗」，亦有象徵高僧法義芬芳永傳之意。

從「荼毗」到「茶毗」，代表「茶」字的流行使用；而陸羽的年代（七三三—八〇四），正落於上述兩碑文之間，《茶經》的出現，正是繼承了那氤氳的時代芬芳，標示著大唐茶葉時代的開創來臨。

事實上，早於顧炎武的南宋文字學者——王觀國，在其著作《學林》中，也觀察到這樣的文化現象：

（荼字）本亦用荼字，而俗書為茶。下從木，非字法也。

荼字為形聲字，下從「余」聲符；茶字下從「木」，與茶字的發音無關，不符合六書的構造。再加上中國第一本字典《說文解字》中並未收錄「茶」字，因此王觀國認定茶字「非字法也」，乃是後人改動。時間點大約落在中唐，亦是茶裏王——陸羽，完成大作《茶經》之際。

行文至此，好奇的讀者可能會發問，既然「茶」是從「荼」演變而來的，那麼古人為何要選定以「荼」字，來代表「茶」的前世原型呢？

事實上，在「茶」字產生之前，代表這種特殊的飲品菜餚，確實有很多不同的稱呼，諸如荼、檟、蔎、茗、荈等等；而「荼」，作為一種苦菜植物，大量出現在《詩經》當中，因此可以獲得歷代文人的特別關注。

舉例來說，《詩經》描寫一位遭到丈夫拋棄的妻子，面對曾經的枕邊人，居然開開心心迎娶新歡進門，自己卻要整理家當，被迫離開。

「但見新人笑，那聞舊人哭。」丈夫與新歡甜蜜的笑聲，掩蓋了妻子痛苦的悲鳴，此時妻子沉痛地喊出：

誰謂荼苦？其甘如薺。

「薺」是北方常見的食用植物，味道甘甜；「荼」則是苦菜，味道苦寒，作為藥材使用。整句話的意思：**誰說「荼菜」是苦的？為什麼我吃起來就像「薺菜」一樣甘甜呢？**

先生的背叛、小三的蠻橫、鳩占鵲巢下的不甘，通通化為悲憤的迷離，蠶食鯨吞那遭受婚變女人所僅存的心靈恍惚，「人人都道黃連苦，我比黃連苦十分」，連嗅覺也開始失調混亂。在苦痛的最高級前，荼菜之苦，也荒謬化為「薺菜」的甘美之甜。然而，這是多麼苦痛的甘甜呢？

《詩經》中的「荼」，苦得讓人揪心，甜得讓人驚心；不過正是這樣的又苦又驚，讓「荼」與「茶」結下了美麗的因緣。

當茶葉的「兒茶素」帶來清苦恍惚，隨之而來的卻是「茶胺酸」所釋放的回甘喜悅，這一苦一甘的朦朧滋味，不正是《詩經》中「荼菜」的甘苦迷離嗎？

由「荼」到「茶」，這不是歷史的偶然，而是美麗的必然；因為美麗，才能堆疊起那裊裊的氤氳幽香。清苦恍惚與甘美喜悅的極限淬煉，雪中取火且鑄火為雪的極限醞釀，千呼萬喚始出來，「茶」字終於驚艷現身了。

那麼這大唐世界的歷史茗茶，就是我們現代所喝的茶嗎？其實還不算是，不過已經和日本的「抹茶」接近了。

末茶來了

根據陸羽《茶經》所記載，當時唐代茶葉的製作有以下步驟：

晴采之，蒸之，搗之，拍之，焙之，穿之，封之，茶之乾矣。

茶葉必須在晴天才能採摘，把它們放上甑釜蒸熟，這裡的「**蒸之**」，就是殺青的動作。然而只有殺青，只能讓茶葉變成一味中藥，還談不上文化大流行；在唐人的巧手下，茶葉開始有了新生命。

經過蒸青的茶葉，下一關就要進入到磨臼之中——**搗之**：如同日本奈良的麻糬師傅，在聲聲哎呀聲中，上演精彩漂亮的搗茶秀；千錘百鍊之後，再把茶泥細末放到模具裡頭，拍壓成硬幣模樣的茶團小餅（**拍之**）；放在火上烘焙（**焙之**）；最後會穿串保存起來（**穿之**）；放入容器裡封存（**封之**），茶葉就完成了可保存的乾燥狀態。

看官們一定會好奇，這樣搗爛拍壓焙乾的茶要如何飲用呢？

《茶經》〈六之飲〉篇，介紹時下流行的飲茶模式，計有：

> 飲有粗茶、散茶、末茶、餅茶者。乃斫，乃熬，乃煬，乃舂。貯於瓶缶之中，以湯沃焉，謂之茶。

瞧瞧陸羽描繪道：要飲用餅茶時，或劈砍，或搗，或碎炒，或火燉，最後再放到瓶缶中，用開水沖灌，形成美味香氣四溢的茶湯。

儘管有點眼花撩亂，但是看官們是否注意到那熟悉的身影？沒錯，那就是「末茶」。瞧！將餅茶的茶葉或劈砍，或搗，形成粉末，這就是「末茶」。「末茶」！「末茶」！粉末之茶！不正是當代日本嬌客——「抹茶」的前世書寫嗎？「末茶」是她的前世名稱，形容「玉塵光瑩」的靜態倩影；而「抹茶」則是今身的時尚，描繪製作流程的搗茶精緻。在唐詩中仍保留這樣美麗的畫面。

搗茶之美

中唐詩人于鵠，長年科舉落第，最後乾脆隱居山中，享受山林樂趣。有一位李姓好友擔任太守，于鵠拜訪他後，有感太守的泱泱高潔，留下一首質樸又美麗的詩句：

幾年為郡守，家似布衣貧。
沽酒迎幽客，無金與近臣。

搗茶書院靜，講易藥堂春。
歸闕功成後，隨車有野人。

——《于鵠贈李太守》

這首詩的大意是：**我的好友擔任了幾年太守，因為為官清廉，家中就像平民百姓般貧窮。我來拜訪他，太守開心地上街買酒，但卻沒有多餘的錢財賄賂官場中的權臣。太守閑居在家時，總會在靜謐的書院中研磨茶葉；在藥堂裡認真地講解《易經》。即使太守將來在朝廷功成名就，跟隨他的只有未受官場汙染的鄉野俗人吧**。

這首展現了李太守清廉自守的為官堅持，還有那高雅風範的生活情趣。特別注意「搗茶書院靜」詩句：在太守門庭中，看不到燈紅酒綠的迎來送往，也聽不到夜夜笙歌繁華熱鬧，只有童子靜靜的搗茶聲響，摻和著淡淡的茶葉幽香，裊裊地迴盪在靜謐的書院裡。

原來茶葉不單單只是種飲品，更是一種高潔的象徵。透過搗茶聲響的悠悠迴盪，那舉手投足之間，已經昇華為一種心靈的過渡儀式，將我們從紅塵喧鬧的娑婆世界中引渡，來到深山世外的桃源幽境。

唐人不僅要喝茶，更要搗茶，唯有搗茶、喝茶、品茶，才能感受屬於生命中那股獨特的高潔幽香，生活步調瞬間慢了下來，您聽得到那芬芳的聲音嗎？

「抹茶」的前世畫面，原來可以這麼美麗。

插曲

唐朝中葉時爆發「安史之亂」，為了快速平亂，唐朝政府增添了許多擁有兵權的節度使，節度使管轄的地區稱為藩鎮。怎料亂平之後，節度使不願意交回兵權，造成唐朝中葉後面臨的最大難題——藩鎮割據。

時間來到憲宗元和年間，此時武則天的曾侄孫——武元衡擔任宰相。

武元衡大概流有曾祖母武則天的鐵血基因，他力主朝廷必須強力削藩，才能建立中央政府的統治威信，再造大唐榮耀。

可惜武元衡沒有像曾祖母般的強大威懾力，強力削藩的主張，讓他成為藩鎮勢力的眼中釘，甚至因此惹來殺身之禍。

唐憲宗元和十年（八一五），農曆六月三日早朝路上，藩鎮派出的殺手，光天化日之下，在長安街頭，攔截了武元衡，當場取其首級。同一時間，另一位主戰派大臣、御史中丞裴度，也遭到行刺，所幸只有輕傷，並未身亡。

這場突如其來的血腥慘案，如同美國九一一恐怖攻擊，震驚了整座長安城。

居然有人敢在天子的眼皮底下砍走了當朝宰相的腦袋，還砍傷了另一位大臣，這無疑是對朝廷最大的藐視和挑釁，如果不揪出幕後黑手，憲宗這皇帝還混得下去嗎？

但詭異的是，唐朝政府並未如同美國遭受攻擊後，馬上整頓兵力，出兵阿富汗，捉拿賓拉登；各級衙門彷彿是吃了鎮定劑，大家一片靜悄悄地，完全沒有行動，這又是怎麼一回事？

原來囂張至極的冷血刺客，居然寫信給負責抓捕的金吾衛和長安府、縣兩級衙門，恐嚇他們說：誰先急著抓我，我就先把誰殺掉！

宰相武元衡是大唐帝國最高行政長官，連他都輕易地被殺掉，那我們這群小官，還用活命嗎？

相關的各級官員接到刺客的恐嚇信，個個嚇得膽破心驚，案件的調查隨即陷入了停滯。各級衙門不是比誰先抓到兇手，而是比比看誰的動作最慢。

此時一位不長眼的年輕人實在看不下去，公開上書給憲宗，強力主張「嚴緝兇手」。年輕人終究是年輕人，太衝動了，「嚴緝兇手」不正是和大家過不去嗎？

得罪了一票朝臣，這位年輕人京師肯定是不用待了；正巧年輕人的母親因為看花掉井墜亡，而他卻寫了《賞花》、《新井》兩首詩，「欲加之罪，何患無辭」，於是年輕人就以「甚傷名教」的罪名，貶去江州司馬。

這位年輕人是誰呢？就是大名鼎鼎的白居易。

看官至此未免狐疑，不是要講抹茶嗎？怎麼會扯到唐朝的恐怖攻擊呢？

別急別急，正因為這場恐怖攻擊，才造就了中國第一位進士出身的茶農。

別人只能乖乖地喝茶，我們的小白則是從種茶、製茶、喝茶，通通自己來，他才是大唐真正的茶葉達人。

唐詩中有關茶的詩篇約為六百八十四首，作者九十七人，但是光白居易一人就有六十五首，約占總數的十分之一，是茶詩產量最多的作家。想要開箱大唐茶葉，那就一定得訪問他。

但白居易是如何從進士變成茶農，再從茶農變成茶詩的第一作家？就讓我們繼續看下去。

浮梁買茶

元和十一年（八一六）秋天，距離當年的長安恐怖血案也過了快兩年的時間。因仗義遭貶的白居易，在潯陽江頭（今江西九江一帶）送別客人，偶遇一位年少曾經紅極一時的長安藝妓，卻因為年老色衰嫁作商人妻，「商人重利輕別離，前月浮梁買茶去。」如今僅能在江口，映照著月色，獨守空船。

一個是殞落的京城藝妓，一個是失意的大唐文人，兩人生命歷程相似，「同是天涯淪落人，相逢何必曾相識。」白居易有感而發，別有幽愁暗恨生，撰寫一首長達六百一十六字的詩贈送給她，這就是膾炙人口的《琵琶行》。

根據《元和郡縣圖志》載：「唐元和八年（八一三），浮梁每歲出茶七百萬馱。」浮梁在哪呢？浮梁屬於江西地區，是茶葉核心產區，往來的茶販絡繹不絕。

元和年間、江西浮梁、產茶、茶販，這些關鍵字讓您想到什麼？沒錯，不正是那琵琶女的商人老公：「商人重利輕別離，前月浮梁買茶去」嗎？

就如同當代女星退隱之際，總是要找個富商老公託付終生；京城紅姬琵琶女也是「委身嫁作商人婦」，她的富商老公原是浮梁茶商。賣茶賣到可以迎娶京城紅姬，不難看到唐代茶葉經濟的盛況。

可惜白居易離別愁緒太濃，「移船相近邀相見，添酒回燈重開宴。」只添了酒，卻沒有添茶，不然琵琶女所私藏的老公浮梁茗茶，肯定是上等的好貨。

等等，唐朝喝茶不是要搗茶嗎？在搖晃的船上搗茶，大概沒人會拿自己的生命開玩笑，還是乖乖喝酒吧！

白居易也末茶

就在白居易錯過浮梁茗茶的第二年，白居易的好友李宣，亦被貶至忠州擔任刺史，忠州就是現今的四川重慶忠縣。

還記得我們前頭所提，西漢的王褒買了寡婦的僮僕，命令他「牽犬販鵝，武陽買荼」，武陽就是現在的四川峨嵋武陽縣；換言之，李宣貶官所在地四川，正是中國茶葉的一級名區。

就像我們到阿里山遊玩，總是會順道帶回專屬阿里山的珍貴高山烏龍茶，自用送禮皆適宜；李宣被貶官到四川，當然不會放過這蜀郡獨特的氤氳茶香。

正當李宣靜靜地凝聽童子搗茶的悠悠聲響，沉靜在專屬於茶香世界的世外桃源時，他想起了九百公里外，當年那位主張「嚴緝兇手」而被流放江州潯陽的熱血青年。

儘管路途遙遠，音信杳杳；但是茶香，是貶謫士人苦痛煩惱的清涼珍方，能夠慰藉，能夠療傷，「同是天涯淪落人」，這麼好的珍寶，當然要和好朋友分享。

於是李宣花了重金，聘請信譽最佳的外送團隊，將這香氣的氤氳，通通打包，遙送千里之外的故人好友。

唐憲宗元和十二年（八一七）清明剛過，潯陽江州司馬白居易，剛簽收了一包從四川寄來的包裹。打開一看，這是珍貴四川名茶的限時快遞，更是好友李宣的溫暖關懷。「千里送鵝毛」，都可以是「禮輕情意重」，更何況這是「千里送名茶」，禮重情義更重。

白居易感動萬分，顧不得身子尚在臥床休養，馬上起身感受這千里傳遞的氤氳熱情：

故情周匝向交親，新茗分張及病身，
紅紙一封書後信，綠芽十片火前春。
湯添勺水煎魚眼，末下刀圭攪麴塵，
不寄他人先寄我，應緣我是別茶人。

——《謝李六郎中寄新蜀茶》

這首詩的大意為：

由於過去我們兩人的好交情，我在生病的時候仍可收到您的茶禮，讀完信之後，看到用紅紙包裹的茶禮；裡頭十片清明節前採收製作的茶餅，水初沸時冒出魚眼般的小氣泡；我拿著湯匙翻動著茶末與茶香，您有好茶先寄給我；大概因為我是品茶的達人。

從這白居易的開箱詩中，我們可以看到唐代飲茶的幾個特點：

首先茶葉採收之後，經過殺青、烘乾，最後製作茶餅，因此白居易收到的茶禮「綠芽十片」，是十片茶餅的包裝。

其次，飲茶之際必須將茶餅碾碎成粉末狀，成為末茶，再加入沸水沖泡方能飲用，因此白居易喝的茶，是接近當代日本粉末狀的「末茶」，並不是我們今天熟悉的完整茶葉舒展後的泡茶。

不過或許是律詩字數的侷限，白居易僅將鏡頭聚焦於茶末碾碎後的粉末細緻，必須拿著類似湯匙量藥的器具「刀圭」（形如刀，尾端尖銳，中間下窪），小心翼翼來拾取。這個動作也類似今日飲用日式抹茶，必須用湯匙舀取茶粉，小心翼翼以免灑落。

有趣的是，白居易在開箱詩的結尾說道：李宣有好茶，不寄他人先給我，實在是因為我乃品茶的達人啊！文末看似俏皮話，但白居易確實是自誇，同時也是再次答謝好友李宣。

北宋《蔡寬夫詩話》云：

唐以前茶，惟貴蜀中所產。唐茶品雖多，亦以蜀茶為重。

大唐時期飲茶盛行，茶品甚多，前頭所提，江西浮梁即是茶葉重地。但是茶葉中的極品，那只有四川蜀茶才稱得上是翹楚。白居易收到的茶，是大唐地區最高等的茶，這麼貴重的茶，居然千里快遞，送給老友，除了深厚的友誼外，那一定只有我白某品茶達人，才有資格收這份厚禮。

換言之，白居易要告訴老友，您放心，我了解您貴重的心意，因為您知道我是茶葉高手，感激之情，確實溢於言表。

然而白居易真的是高手嗎？不要懷疑，小白真的是高手。

白居易貶官所在地江州，其南方有座美麗的山——廬山。東坡詩云：「不識廬山真面目，只緣身在此山中。」連東坡都來到此地打卡按讚，喜愛山水的白居易又怎麼會錯過呢？

白居易在閒暇之際常遊廬山，流連於「雲水泉石，勝絕第一，愛不能舍」的香爐峰。於是他湊了些錢，在香爐峰山麓蓋了一座茅草屋舍，然後寫出媲美柳宗元山水遊記的《廬山草堂記》。

緊接著，更瘋狂的事來了。

廬山長年煙霧繚繞，水氣充足，白居易靈機一動，乾脆將草堂旁的一畝荒地闢為茶園。白居易乃大唐進士出身，一位大唐進士居然化身為勞動生產者，成為大唐學歷最高的茶農，自產、自製、自銷、自喝，通通自己來。

喝茶喝到變成茶農，白居易對茶葉的瘋狂，不僅是空前，還是絕後。

白居易自給自足，茶韻相伴，人生至此，夫復何求？於是他愜意地寫下：

平生無所好，見此心依然。
如獲終老地，忽乎不知還。
架岩結茅宇，斫壑開茶園。……

——《香爐峰下新置草堂，即事詠懷，題于石上》

殺青後的茶葉才能方便保存，隨時皆可以飲用。
（圖片來源：photo AC）

新聞報導一位台大法律系畢業的女學霸，進軍日系偶像女團，遭人謾罵浪費社會資源。如果白居易在台灣，一定會跳出來聲援：我是大唐進士，都可以出來當茶農；台大法律系當女團又何妨呢？生命最重要的事，就是要浪費在美麗的心情上，不是嗎？

肆、宋代點茶

唐代喝的茶是「末茶」，但還不是現在意義的日本抹茶。真正的日本抹茶是傳承自宋代的點茶。

高中課本裡有首北宋黃庭堅著名的律詩《寄黃幾復》：

桃李春風一杯酒，江湖夜雨十年燈。

黃庭堅用精練的辭語，堆疊的語彙，一連串的畫面，將相聚之樂、離別之苦，種種複雜的情緒完整傳遞，堪稱是橫亙千年的經典名句。很長的一段時間，我都以為飽經風霜的黃庭堅只會喝酒，因為只有酒，才能抒解他貶官遷徙的流離之苦。不過後來讀到他的詞作，才知道原來他也是一位品茶高手：

鳳舞團團餅。恨分破、教孤令。
金渠體淨，只輪慢碾，玉塵光瑩。

——《品令・茶詞》

宋代飲茶是建立在唐代茶餅的基礎上，但是工法更為細膩。首先將茶葉殺青、烘焙後，放入雕有「龍鳳圖案」的金屬模具，用力壓塑之後，然後以蠟封之，蓋上龍鳳圖案，稱做「龍鳳團茶」。

這種團茶餅工法細膩，拆開封裝後，茶餅上頭自然形成龍鳳飛舞的形狀，珍貴異常，只有貴族才享用得起，黃庭堅是北宋進士出身，引文中的「團團餅」就是這種高級茶餅。

作者用擬人的口吻，訴說「龍鳳在團餅上飛舞。只恨有人將茶餅撥開（搗茶），讓龍鳳各分南北，孤孤零零。」

緊接著「金渠體淨」，這是一種圓弧形的金屬凹槽，光亮明淨，作者用「渠」來形容凹槽，想像力豐富。

從龍鳳拆分下來的茶餅，將其置於「金渠凹槽」，用一只輪狀的磨具，「只輪慢碾」，緊壓茶餅上，順著凹槽的弧度，像車輪行走一樣，來回碾壓。

一團團的茶餅塊，透過反覆碾壓之後，逐漸變成細小的粉末，作者用「玉塵光瑩」來形容，就好比是翠玉的塵末，晶瑩剔透散發著迷人的光澤。

如果唐詩中的「搗茶」只是種遙望的概念，就好比李白詩中「白兔搗藥秋復春，嫦娥孤棲與誰鄰？」我們肯定是看不清楚月亮中的玉兔，究竟是如何搗藥的，畢竟從嫦娥濕潤悲苦的眼眶中，看到什麼都是模糊。

那麼就在這模糊的基礎上，宋詞開始賦予她清晰輪廓，標準的步驟、器具以及令人眼花撩亂的茶湯視覺饗宴。

唐詩就是模糊地「搗」，或是粗暴地「砍、劈」；宋詞可要拿個「金渠體淨」，放上龍鳳等級的高貴茶餅，搭配一只輪狀的磨具「只輪慢碾」。

看官們未免好奇，前頭的大唐茶葉開箱文，「碾茶」不過就是拿起農家常見的杵臼，像是磨碾藥材一樣，搗一搗就好，為什麼到了宋朝，就變成複雜的「金渠體淨」、「只輪慢碾」呢？

其實，宋朝的「精緻」不是喊假的，這些都是皇家的御用規格。

一九八七年陝西意外出土佛陀真身指骨舍利。這個「佛骨舍利」是幹什麼用的呢？韓愈曾經寫了一篇〈諫迎佛骨表〉，然後就被貶去廣東看守鱷魚，文章中的佛骨，就是法門寺出土的佛骨舍利。

除了韓愈的佛骨外，法門寺地宮還有一項重大的發現——「鎏金鴻雁流雲紋銀茶碾子」。「茶碾子」顧名思義就是碾茶用的器具，由碾槽和碾輪兩部分組成。碾茶時先拉開碾槽頂部的蓋板，放入適量的餅茶，再用碾輪將其碾壓，使其變為末狀。這件碾槽外底刻有銘文：

咸通十年文思院造銀金花茶碾子一枚，並蓋共重廿九兩……

「文思院」是唐朝後期所設置的皇家製作機構，出土「茶碾子」即為其所生產製作。「咸通」則為唐懿宗的年號，換言之，這具「茶碾子」乃為皇室用品無誤。

此外，碾輪上亦刻劃有「五哥」的字樣，從這座茶碾子製作精美、純銀打造，再放入只有皇室才能參與的佛骨地宮，學者普遍認為，此為當時尚為皇子的唐僖宗李儇（唐懿宗李漼第五子）所使用的皇家

唐代皇室精緻「茶碾子」，AI生成示意圖。

茶器。

各位看官您看看，當唐朝民間還是用粗糙的杵臼，如同玉兔搗藥般，揮汗如雨地搗磨茶粉之際；大唐皇室卻是用純銀打造的碾槽，配合滾動的碾輪，優雅細緻地磨碾茶葉，不正是黃庭堅《品令．茶詞》裡頭的「金渠體淨」、「只輪慢碾」呢？

大唐皇室的御用規格，到了宋代早已成為民間的標準配備，宋朝的「精緻」果然不是喊假的。

正因為宋朝具備了皇家規格的「精緻」等級，所以滾輪來回碾磨的動作要「慢」，才能催化出美麗的「玉塵光瑩」；才能蒸餾出高貴的宋詞茶茗；才能催化出風靡世界的抹茶魅力。

抹茶拿鐵

北宋的藝術家皇帝——宋徽宗趙佶，所撰寫的《大觀茶論》，其中有一篇題為〈點〉，寫的就是宋朝的「點茶法」。

什麼是「點茶」呢？就是將「玉塵光瑩」的茶粉沖入熱開水後，為了要讓茶粉充分融於湯水中，會使用一個類似小掃帚的攪拌工具「茶筅」（ㄒㄧㄢˇ），反覆在茶湯中攪拌「點擊」，這個步驟稱呼為「點茶」。

點茶的程序相當複雜，光是沖水就分成七次。而在每次注水時，必須沿著茶盞（茶碗）邊慢慢傾注，不能直接沖打茶末。注入水後，又必須馬上使用茶筅來回擊拂茶湯。

由於茶碗的開口小，攪拌擊打的力道不可太大，否則茶湯將溢出；但也不能不夠力，不然茶粉將結塊，影響品茗滑順。

必須有耐心，不疾不徐，「指繞腕旋，上下透徹」，快慢力道拿捏，恰到好處。

經過千錘百鍊，反覆拂打，茶湯表面會形成類似當代「拿鐵」（Latte）咖啡的奶泡。我們喜愛的蘇東坡，除了《赤壁賦》、《念奴嬌》等等名篇外，您可知道他也是點茶的高手嗎？

我們來看一段他對於茶湯上「拿鐵」的美麗形容：

龍焙今年絕品，谷簾自古珍泉，雪芽雙井散神仙，
苗裔來從北苑，湯發雪腴醲白，殘浮花乳輕圓，

人間誰敢更爭妍，鬥取紅窗粉面。

——《西江月》

大意是說：**小龍餅今年品質很好，最好用谷簾的泉水來烹煮。那雪芽，雙井的茶葉芬芳，神仙們聞香通通下凡品嚐。它們的品種來自福建省的武夷山，湯是雪白白，泡沫是輕圓的。有誰可以媲美這樣美麗的畫面呢？那只有夕陽灑落紅窗下的少女朱顏。**

經過千捶百點後在茶湯上所形成的雪腴「拿鐵」，就如同少女朱顏般的動人美麗，原來我們當代手搖飲中的奶蓋泡沫，千百年前的蘇東坡早已品嚐歌頌過。

就如同白居易愛茶愛到親自種茶，宋朝人愛茶也幾近痴狂的地步。

宋朝人發揮巧思，將藝術的美麗創作，充分發揮在這幾公分見方的雪腴「拿鐵」，發展出像今日常見的「拉花」技術——「茶百戲」。

根據北宋人陶穀的《清異錄》記載，專業的茶師可以用這方法，在茶面上畫出「禽獸蟲魚花草之屬」，形成一種可以喝的茶上畫，原來泡茶也可以成為一種職業的藝術專業。

宋代點茶：以「茶筅」反覆擊打，日本茶道中仍完整保留。
（圖片來源：photo AC）

當代盛行的咖啡拉花，早在宋代點茶中就已流行過，上圖為抹茶拿鐵拉花。
（圖片來源：photo AC）

將茶上的畫喝掉？沒錯，這就是宋朝痴狂的茶湯圖繪藝術，生命就該浪費在美麗的事情上。

伍、東渡日本

早在唐朝時期，中日兩國就已交往密切，日本派遣大量的遣唐史，將唐朝文化完美複製，其中當然也包括了唐代的飲茶文化。

不過隨著唐朝國力由盛轉衰，唐昭宗景福二年（八九三），在唐朝的遣唐使中瓘（日僧）托唐商致書日本朝廷，說明「大唐凋敝」之狀，此時距離唐朝覆滅僅剩十四年的時間。

隔年八九四年，北野天滿宮那位學問之神——菅原道真，即向醍醐天皇呈上《請令諸公卿議定遣唐使進止狀》，建議停止遣唐使，醍醐天皇准奏。至此長達兩百餘年的大唐文化學習運動正式畫下句點。

唐朝的衰敗，確實讓東洋的日本人瞧她沒有，兩國的文化交流也戛然而止。不過經過五代十國的遞嬗醞釀，精緻細膩的宋朝文化又開始熱鬧登場。

此時東洋日本，正屬於鎌倉時代。

從佛教的內容來說，宋朝的佛教已經發生了巨變：也就是唐代奠下基礎的禪宗，到宋代已經開花結果，佛教思想已經從天台宗、密教時代，過渡到禪的時代。

宋朝的禪宗，結合當代蓬勃發展的點茶藝術，茶已經成為禪學文化的重要成分；反觀日本佛教，仍然停留於百年前大唐時代注重儀軌、咒語的天台宗、密教，而日本茶，更是沿襲唐朝砍、劈、搗的粗糙模式。

儘管宋朝國力遠遜大唐世界，但是宋朝精緻藝術的點茶文化、活潑朝氣禪宗佛教，無時無刻挑動著那位東洋老弟好奇的心。

南宋孝宗皇帝乾道四年（一一六八），一位二十八歲的日本年輕僧人按捺不住心中的好奇激動，循著百年前遣唐使的規畫路線，乘船由今日的日本福岡博多出發，成功抵達中國明州（今浙江寧波），停滯超過一百五十年的中國文化學習活動，又重新開始活潑躍動起來。

宋朝文化實在太美，讓一位僧人意猶未盡，來了一次嫌不夠，前後兩度入宋，將滿滿的禪學通通裝回日本，也將宋朝點茶文化一併打包帶回了日本，這位僧人就是日本臨濟宗創始人——榮西禪師。

一期一會

原先以為習慣大唐氣象的大和民族，對於宋代複雜冗長的點茶調製，難免產生排斥、不適應。不過歷史的機緣，總是帶給我們意外的驚喜。

點茶的複雜流程，竟然完全打中日本文化崇尚「儀式過程」的龜毛DNA；姍姍來遲的宋代茶藝，在吹毛求疵的日本文化中，巧妙地無縫接軌，大受歡迎。

至此複雜流程的宋代點茶正式扎根東洋，往後八百年，逐漸發展成具有日本特色的日式茶道，榮西禪師因此被尊為「日本的茶祖」。

茶道在日本發展迅速、空前興盛，除了文化DNA的推波助瀾，剛烈勇猛的日本武士也加入了這場文化盛宴。日本武士不是應該在戰場上拚鬥嗎？怎麼會和喝茶有關呢？

宋茶傳入日本的時間點，正值日本第一個武家政權鎌倉幕府統治之際。儘管點茶精緻，但是藝術的茗香終究無法抵禦蒙古鐵騎的入侵，南宋亡國了。

蒙古大軍趁勝追擊，揚起巨幅的船帆，乘風破浪，浩浩蕩蕩殺往日本，鎌倉幕府驚慌之際，只能抱著必死的決心，號召天下武士抗擊，最後居然奇蹟式地擊退蒙古鐵騎的入侵。這場大和民族首次本土保衛戰，日本武士的超強戰鬥力令人刮目相看，而背後統籌協調的鎌倉幕府也是居功厥偉。

然而大戰後的鎌倉幕府，財政捉襟見肘，沒有能力獎賞奮勇殺敵的武士。武士是職業階級，沒有薪餉的武士，最後只能造反推翻鎌倉幕府，鎌倉時代就此告終。

成功抵禦蒙古鐵騎是武士；成功推翻幕府的也是武士，「得武士者得天下」，武士從此成為日本歷史的主軸。

時間來到了戰國時期。大量武士在戰場上廝殺、搏命，「醉臥沙場君莫笑，古來征戰幾人回」，對於日日征戰、不知明日葬身何方的武士來說，能夠享受一碗清苦、醒腦的茶茗，可以暫時忘卻戰場的血腥，拋開生死的煩惱，是生活中不可缺少的奢侈享受。

有需求就有供給，於是大量為武士服務的茶室也孕育而生。對於茶室主人來說，今日眼前的武士客人，可能明天就會在決鬥中喪命。因此每一場武士的茶會，都要把它當成，一生只有一次的機會，必須將每碗茶，做到絕對完美。

這個絕對完美的境界，稱作「一期一會」（日文「一期一会」いちごいちえ）。「一期」指的是人從出生到死亡的這段期間；而「一會」則是人們的聚會、集會之意。「一期一會」的字面意涵即為「一生當中只有一次聚會」。

透過日本武士的悲壯參與，宋代點茶在東洋日本獲得了生命的感動：人和茶水之間，不再是孤伶伶地各自獨立，而是注入一種深層的情感連結。在片刻靜謐的空間裡，主人與客人彷彿建立了一座無聲的橋梁，享受短暫卻深刻的「一期一會」。

叫我抹茶

日本室町時代臨濟宗僧人季弘大叔（一四二一—一四八七），在其《蔗軒日錄》中有段記載：

又送抹茶一器於仁木次郎殿。

這是目前日本文獻中「抹茶」最早的用例，可知最遲在十五世紀，抹茶文化已經在日本形成。

成書於一五四八年的日語詞典《運步色葉集》，收有三個以「抹」字開頭的詞彙，分別為：抹香、抹茶、抹藥。其中只有「抹藥」的「抹」是塗抹的意思，其餘「抹香」和「抹茶」都是粉末狀的。

「抹香」即「末香」，是佛堂燒香用的粉末狀的香，「抹茶」是粉末狀的茶。經過一個世紀的發展，「抹茶」的詞彙使用，已經逐漸影響到其他領域。

由於中國文字是以象形字形為主體，早期中國文字同音、同字根混用的狀況非常普遍，日本的中國漢字也遭遇相同的狀況。

日語中的「末」和「抹」同音，兩者的字根亦雷同，再加上日本茶道傳承自宋代點茶，仍然保留「研磨茶粉」的動作，具有提手旁的「抹」字，比「末」更能生動呈現茶道的整體流程。因此「抹茶」一詞，便逐漸為日本茶人所接受，頻見於日本茶書中。

有趣的是，許多漢學底子深厚的日本文化人，明白「末」和「抹」是兩個不同屬性的漢字，堅持「末茶」才是正確的寫法。文化人的用語習慣有一定的示範作用，在比較正式的文章書籍中，仍然以「末茶」為正式的標準寫法。

大正時代留學日本的中國著名小說家——郁達夫，在其《日本的文化生活》中介紹日本茶道說：

個人長跪一堂，製茶者用了精緻的茶具，規定而熟練的動作，將末茶沖入碗內。

郁達夫對於日本茶道的詞彙使用是「末茶」，而不是「抹茶」，不難看出「末茶」一語背後的文化意識。

不過或許「末茶」一語的中國味太濃了，也太過生硬文謅，戰後日本民間反而流行「抹茶」的詞語書寫。當採用「抹茶」的出版物不斷增多，一九八一年日本政府因應潮流，公布了

《常用漢字》，其中包括「抹」字。

經過了千年的沉浮拉鋸，「抹茶」一語終於得到了官方的正式背書認可，從此，日本的出版物幾乎都採用「抹茶」的寫法，而那正版「末茶」，則是靜靜地消失在歷史湮沒中。

由於日本的寬鬆貨幣政策，使得觀光人潮激增，根據日本政府觀光局（JNTO）公布的數據，二〇二四年訪日外國旅客累計達三千三百三十七萬九千九百人，比台灣的總人口數還多。訪日遊客激增，也使得這項日本獨特的綠色工藝「抹茶」，逐漸名揚於世。

由於抹茶的清苦，是中和甜膩的最佳搭配，腦筋動得快的商人，開始將抹茶運用到各式各樣的甜點飲品，舉凡霜淇淋、蛋糕、拿鐵等等，只要冠上抹茶之名，那肯定是膾炙人口、銷售長紅。

抹茶的今生紅了，那她的前世「末茶」呢？

「一期一會」：極盡完美的日本茶道藝術。
（圖片來源：photo AC）

陸、尾聲

從唐代的末茶，再到宋代的點茶，這樣的茶文化在中國流傳了將近四百餘年，但是突然在明朝洪武年間戛然而止，這其中究竟發生了什麼事呢？

原來點茶的製成、調製工法太過繁瑣，通常只有貴族頂端才享用得起，尤其點茶所孕育而生的「茶百戲」、「拉花」技術，那已經不是喝茶了，而是作畫。這看在那位當過乞丐的皇帝眼裡，當然不是滋味，於是明洪武二十四年，朱元璋下令，正式廢除點茶，改由一般的「散茶」替代。

什麼是「散茶」呢？由於鐵鍋的流行使用，茶葉可以經由鍋炒烘焙，增加其不同的香氣，鍋炒烘焙後的「散茶」已經不需要研磨，直接用熱水澆灌即可享用；相較於製程耗工、價格昂貴的「點茶」，散茶不僅方便而且價格親民，於是飲茶變成是一種平民的時尚流行，而那曾經風靡唐宋中國長達數世紀的綠色工藝，也就真正化身為「茶末」，消失在歷史灰燼中。

原來我們喝的茶，並不是王褒的吃茶，也不是唐詩宋詞中的末茶，而是明代以後所發展出的散茶。一部茶的歷史，確實滄桑。

散茶取代了綠色末茶，那麼末茶真的消失了嗎？

班固在《漢書》中引孔子之言：「禮失而求諸野。」事實上，不僅日本保存了中國早已失傳的抹茶工藝；從中原一路遷徙，最後輾轉來台的客家族群，同樣也是承襲了千年以前先祖們所烙印的文化倩影，沒錯，她就是擂茶。

走一趟北埔老街，推開茶香的門簾：一口大瓷碗，一支木搗捶。千年前的綠色感動，就由你來呈現。

抹茶與擂茶，彼此分享著先祖文化的美麗ＤＮＡ：一個是時尚高雅，一個是低調奢華，都是綠色工藝下的舌尖驚艷，您喜歡哪一個？

同樣需捶搗的北埔客家擂茶，分享著同為千年前的綠色感動。
（圖片來源：維基共享，作者總統府）

參考文獻

張坤：〈漢陽陵外藏坑所出茶葉芻議〉，《文博期刊》，二〇一八年第一期。
蘇文：〈宋代點茶文化的傳承與發展〉，《福建茶葉》，二〇二四年九月。
曹建南：〈從「末茶」到「抹茶」〉，《世界文化》，二〇二四年六月。
周香琴：〈茶及「茶」字源流考〉，《三峽大學學報》，人文社會科學版，二〇〇九年七月。
鄒堯：〈蔚蔚茶風：唐長安城及周邊遺址出土茶器〉，《紫禁城》，二〇二一年第四期。
岡倉天心著，王思穎譯：《茶道：茶碗中的人心、哲思、日本美學》，不二家出版，二〇一七年。

《蘭亭集序》遇見日本流水拉麵

壹、緣起

每年四月的第二個星期天，京都的世界遺產——上賀茂神社，會把美麗的春光時間交予「曲水宴」：童子把日式羽觴放入水中，酒杯順水而下，慢慢地流至詩人面前。詩人在酒杯到來前，將詩歌寫在短冊上，然後順手接起水面上的酒觴，一飲而盡。寫好的詩最後由特定的講師大聲唱詠出來。

這不正是王羲之《蘭亭集序》中「流觴曲水，列坐其次」、「一觴一詠，暢敘幽情」的美麗畫面嗎？

從二〇一三年開始，平均每兩年，日本就會舉辦王羲之的書藝特展，其中兩場還是由日本歷史最悠久、規模最大的「東京國立博物館」包辦，王羲之在日本的文化地位顯然不言而喻。

為何在台灣存在感超低的王羲之，在日本卻受到空前的歡迎呢？原來日本文化中的流水拉麵、迴轉壽司，甚至是「女兒節」，都和王羲之有關，喜歡日本文化的你，一定要打開國文課本，好好閱讀王羲之。

貳、綺麗春光與日本女兒節

綺麗春光：走秀洗澡

永和九年，歲在癸丑，暮春之初，會於會稽山陰之蘭亭，修禊事也。

這是王羲之《蘭亭集序》中的首段景物記述。由於這並不是王羲之「人生無常」的體悟重點，用字遣辭上亦無特別之處，學子默書不考，大考測驗亦與之無緣，久而久之，彷彿雞肋般，「食之無味，棄之可惜」。

然而就在這平淡無味的雞肋文字中，卻有一道密碼，引領我們前往，千百年前大和民族與中國交流時的文化盛況，那就是「修禊事也」。

「修」有「從事」之意，「修褉事」就是從事「褉」的儀式活動。那什麼是「褉」呢？「褉」這個字出現比較晚，先秦古籍中還看不到，到了東漢才開始大量出現。「褉」是一種在河邊清潔身體的宗教儀式，藉由汙濁廢水的流逝，象徵身體的不潔厄運也隨之東流，施行的時間大約落在農曆三月上旬。

事實上，世界各民族普遍具有「洗禮」的儀式，即將受洗者的全身或半身浸入水中，達到宗教潔淨的象徵意義。有趣的是，中國的「洗禮」褉，除了透過水來驅除厄運外，她還有另一種美麗的變形——「釁浴」。

花香洗浴

「釁浴」最早記載在先秦典籍《周禮》，從字義上來看，大概也是透過沐浴來洗滌厄運，但是什麼是「釁」呢？在《孟子》中有段故事：

梁惠王看到一隻牛即將被宰殺，用其血塗抹在銅鐘上進行祭祀，牛不斷地瑟瑟發抖發出哀鳴，梁惠王不忍心，於是用羊予以替換，孟子肯定梁惠王，這就是惻隱之心。

當然，用羊換牛，是否就具有惻隱之心？這並不是我們要討論的重點，這段故事要說明的是，「將牛血塗抹在銅鐘」的術語即是「釁鐘」。因此「釁」就是把牲畜的血塗在器皿上，用來祭祀神靈的宗教行為。

那麼《周禮》的「釁浴」就是把血塗在身上來沐浴嗎？這個畫面非常可怕，相信古人不用這麼做。「釁」除了實質意義上塗抹，聰明的古人，也聯想發明為氣味上的薰習。

傳說中的「楊貴妃沐浴」：將滿滿的玫瑰花瓣，撒滿整個湯池；讓美麗白皙的可人胴體，薰染上柔酥迷人的氣韻花香。

除了將唐玄宗迷得不要不要外，也不忘邀請白居易緊跟在旁，以近身定格特寫，用最高規格的畫素，捕捉貴妃「春寒賜浴華清池，溫泉水滑洗凝脂」的美麗畫面。而楊貴妃香氣撲人的玫瑰沐浴，就是古人所謂的「釁浴」。

或許有人會質疑：嚴肅的宗教儀式，搞得像美女出浴，這樣像話嗎？別急，我們先來看一段文字：

鄭國之俗，三月上巳，之溱、洧兩水之上，招魂續魄。秉蘭草，祓不祥。

——《韓詩．章句》

古人用天干地支計日，所謂的「上巳」，就是三月上旬的第一個巳日，後來逐漸固定在農曆三月初三。春秋時期鄭國的風俗，會在三月上巳，到溱、洧兩水之上「招魂續魄」。其中「招魂續魄」就是接近台灣民俗常見的收驚。

收驚為什麼要去河邊呢？因為你身上沾惹到不乾淨的東西，要用河水洗滌潔淨，清除厄運。咦！好熟悉的畫面，不就是我們前頭所講的洗禮「禊」嗎？

特別注意喔！為了讓大家洗完身體後可以香噴噴的，鄭國人發揮巧思，「秉蘭草，祓不祥」，就是拿著美麗的蘭花，將花瓣一一摘下，撒在河水上（浴盆），再用那和著蘭花香的河水，洗滌身子，洗除晦氣，這不正是前頭所提的「楊貴妃沐浴」嗎？原來「楊貴妃沐浴」的鼻祖，正是鄭國的收驚儀式。一個水上收驚可以搞到這麼美，不得不佩服鄭國人獨特的浪漫美感。

男女幽會

上述所提鄭國「秉蘭草，祓不祥」的美麗畫面，那是東漢學者文獻研究的成果；事實上，在原始的《詩經．鄭風》裡頭，也可以找到相同的浪漫：

溱與洧，方渙渙兮。士與女，方秉蕑兮。

女曰觀乎？士曰既且。且往觀乎！洧之外，洵訏且樂。

維士與女，伊其相謔，贈之以勺藥。

大意是說：**在春水滿滿的溱河、洧河，男男女女手持蘭花，香氣幽幽，一同前往遊賞**。

這不是暮春上巳節的河邊「釁浴」活動嗎？怎麼會像是男女幽會的場所呢？不要懷疑，我們想得到的，古人同樣也想得到。有一句台灣俗語「提籃假燒金」（kuā┤—naˋ—aˋ keˋ—sio—kim），大意是提著籃子假裝要去廟裡燒香。

原來農業時代的少女，不可隨意外出，而為了要去私會情人，出門時，手提著裡面裝有香、燭、紙錢等的籃子，假裝要去廟裡燒香，以掩人耳目，所以稱作「提籃假燒金」。

現今日本春天的櫻花祭、京都夏天的祇園祭，這些本是嚴肅的慶典活動，但總是吸引數以千計的觀光客，將現場變成一場大型的嘉年派對，這不正也是男女幽會的最佳場合嗎？

宗教慶典可以是熱鬧的大型派對，也可以是情人幽會的去處；那麼古代浪漫優美、香氣幽幽的花瓣沐浴現場，又何嘗不是青年男女一同賞玩，培養情感的好地方呢？

中華文明主要發源於北方的黃河流域，農曆一、二月都還是春寒料峭的寒冷天氣，要等到三月天氣回暖，才算是適合出遊的好季節，古人給這個時節一個美麗的名字「暮春三月」。君不見「暮春三月，江南草長，雜花生樹，群鶯亂飛。」多麼美麗的景象，正適合戶外踏青，舉行河邊淨潔的祈福活動，你還忍心將自己禁錮於家中，隔絕這美麗溫煦的春光之外嗎？

孔子也浪漫

這一天，孔子要弟子們暢所欲言，表達心中的志向，大家紛紛表現出政治上的抱負，希望可以一展長才，老師聽到大家的發言後，一一微笑以對。

但是等到曾點講完話後，老師突然嘆了一氣，「我贊同曾點的想法啊！」到底曾點說了什麼？可以讓老師感動呢？

原來曾點說：在暮春三月的時候，我們脫下厚重的冬衣，換上輕便的春服，大大小小六七人，一起漫步到郊外散步，到沂水沐浴，最後再去舞雩祭壇風乾，唱著歌回家。

暮春、水邊、沐浴，這不就是大家流行的「上巳節」祈福活動嗎？差別在於曾點的畫面比較保守，少了香氣幽幽的蘭花、芍藥，潑水嬉戲的男男女女，但是那種放鬆浪漫的氛圍，曾點還是精準的傳達出來，難怪老師會被感動到。

或許有人會問：孔子不是憂國憂民，怎麼會喜歡這種小兒小女的洗澡遊戲呢？其實人心是肉做的，不是鐵打的。要憂國憂民也要懂得適時抒壓，才能保有精力，繼續憂國憂民。

君不見孔子云：「道不行，乘桴浮於海。」要有海洋的浪漫嚮往，要懂得適時的放鬆抒壓，才能成就至聖先師卓越的歷史美名。

透過孔子對於曾點的認同對比，上巳節從最初嚴肅的宗教活動，慢慢變成全民參與的春遊踏青，甚至是男歡女愛的幽會佳時。

美女走秀

暮春之際，天氣轉熱，大伙到河邊清潔身體，美其名是「修禊事」的宗教儀式，實際是消暑貪涼，痛快紓解一下冬天冰封的沉悶心情，順便看看哪位鄰家妹妹的顏質高？哪一位俊俏歐爸的體格好？東漢杜篤《祓禊賦》就記載了當時如同走秀般的華麗盛況：

> 若乃窈窕淑女，美媵艷姝，戴翡翠，珥明珠，曳離袿，立水涯。

穿戴著翡翠、明珠，拖曳著華麗褂服的窈窕美女，一個個站立水邊，準備讓牛奶光華般的肌膚，嫵媚在流動的江水上。可惜杜篤的文字太保守了，我們還沒看到美麗的青春肉體，鏡頭隨即戛然而止。

唐代詩聖杜甫，大概是明白我們的遺憾，用他詩史般的鏡頭，精準清晰補足了我們視覺上的饗宴：

三月三日天氣新，
長安水邊多麗人。
態濃意遠淑且真，
肌理細膩骨肉勻。

——《麗人行》

唐代長安城的顏質美女們，在三月三走秀日的當天，紛紛聚集在水邊，那肌理、那態濃，在靚水的滌洗下，一個個散發出迷人的風采，可真教人屏氣凝神、目不轉睛啊！

原來「美」可以是這麼大方，可以是這麼自然，可以是這麼的骨肉均勻。一千多年以前的唐朝仕女，就足以媲美今

上巳節正值明媚風光，適合外出踏青，此為18世紀朝鮮畫家申潤福《蕙園風俗圖帖》中的《年少踏青》，描述朝鮮王朝上巳節的情景。（圖片來源：維基公領域）

日職棒球場上的加油美女，如此華麗的文明，不僅北方的遊牧民族尊奉其為「天可汗」，就連東洋旁的「大和弟弟」也為之傾倒。

經過多次大規模遣唐使的派遣，日本大唐留學生，將唐朝文化完整地複製，再仔細貼回東瀛大和，於是乎，這項河邊洗澡的上巳節慶，也就熱熱鬧鬧地洗進日本文化之中。

日本女兒節

日本與中國的文化交流極早。東漢建立之際，日本列島正分為諸多小國。據《後漢書・東夷傳》記載，建武中元二年（五十七）正月，倭國眾多邦國當中的「奴國」遣使朝貢，光武帝劉秀賜予金印一枚。這枚金印在江戶時代被一位葉崎農夫掘獲，從此成為日本的國寶，也見證兩國的交流歷史。

時間來到隋朝之際，日本派遣大使前往中國進行文化交流，日本大使呈獻給隋煬帝的國書開頭即說：

日出處天子，致書日沒處天子，無恙。

——《隋書．東夷傳》

日本位於中國的東邊，太陽從東方日出；而中國對日本而言，乃是夕陽日沒之處。所以日本自稱「日出處天子」，稱呼隋朝為「日沒處天子」。

隋朝中國乃是東亞第一大國，一個東瀛小島居然敢妄稱天子，更把我隋朝貶低為日沒之處，隋煬帝看了很生氣，命令主掌外交鴻臚卿，以後不要把這樣無禮的國書拿給他看。

大概是東夷倭人，不懂禮儀，再加上隋朝作為結束南北朝分裂的大國，日本能夠在此時主動前來朝見，也算是給足了面子。煬帝生氣歸生氣，對於日本使團仍予以熱情接待，並選派遣使節回訪日本。煬帝的大方，在日本獲得了滿滿的五星好評；但是在中國，卻像是吃錯藥一樣，把天下搞得一塌糊塗，最後被李淵、李世民父子聯手推翻。

歷史的巨輪開始翻轉到華麗的扉頁——大唐帝國。唐朝是繼漢朝以來，中國第二個帝國盛世。

《木蘭詩》有云：「昨夜見軍帖，可汗大點兵。」「可汗」是北方遊牧民族對於統治君王的稱呼，當時的唐太宗被遊牧民族稱呼為「天可汗」：像天一樣崇高的帝王，可知道唐朝國力有多強大。

面對唐朝這樣大隻佬，領教過隋煬帝文化魅力的日本，自然不會放過學習的機會。這次他們學乖了，不敢再亂講話，恭恭敬敬地派出遣唐使：天子只有一個，就是當今聖上唐太宗，我們是小日本國，要來大唐學習最先進的文化。

《蘭亭集序》的風采

由於當時的天可汗唐太宗，是魏晉時期書法大師王羲之的超級鐵粉，不僅在官修正史的《晉書》中為王羲之撰寫傳記，他還接近瘋狂地到處搜尋王羲之的真跡，連號稱「天下第一行書」的《蘭亭集序》真跡，最後也盡納其轂中。

有了當朝皇帝的推崇，王羲之的歷史地位來到了最高，「書聖」的封號於焉完成。整個唐朝最迷人的書法字體，就是《蘭亭集序》中「王羲之行書體」。

就好比不會喊「Team Taiwan」，就別說你懂棒球；不會寫「王羲之行書體」，就別說你是唐朝人。為了能夠迅速地融入唐朝文化圈，日本大唐留學生遣唐使的甄選資格，除了會說唐語外，具備「王羲之行書體」的書寫能力更是必要條件。於是一批批具有王羲之正統基因的日本留學生，飄洋過海來到了大唐文化流行中心朝聖，將整套王羲之旋風，通通打包帶回日本。

尤其是那令唐太宗痴迷的《蘭亭集序》，這批留學生寫手，模仿再模仿，揣摩又揣摩，將《蘭亭集序》的每一個字句，原廠未拆封般送上文化快遞，快快送回日本流行。

正當日本留學生們痴迷書寫《蘭亭集序》之際，他們發現，序文中的「暮春之初，會於會稽山陰之蘭亭，修禊事也」，居然不是遠古的想像記憶，而是真實的「三月三上巳節洗澡秀」。

我愛洗澡

日本自身即有人形玩偶——「形代」的傳統。形代具有宗教意義，一種被神靈附體的人形載體。繩文時代的泥人、彌生時代的人面陶器、古墳時代的人形泥人中，都有類似「形代」的玩偶出土。

由於古代日本醫療尚未健全，嬰幼兒死亡率居高不下，為了祈求孩童平安長大，也會將紙紮人偶擺放在孩童床頭，希望人偶能帶走孩童身上不好的穢氣，放置一段時間後，就將紙紮人偶丟棄。於是形代逐漸由人形泥人演化成紙紮草人。

除了讓紙紮人偶除穢清潔外，大和民族也特別看重「水」潔淨能力。日本六世紀時所編成的神話史書《古事記》，記載了開天闢地的神祇「伊邪那岐」（いさなき），在結束地府黃泉國的闖蕩後，渾身沾滿了汙穢，於是跳入了河中，洗落了身上的汙垢。

這些洗落後汙垢，化生為許多後代的信仰神祇：日本著名伊勢神宮內所供奉的天照大神，就是此次洗滌汙穢所誕生的。此外，西晉陳壽《三國志》中的〈倭人傳〉也記載：日本人在喪事結束後，喪家要到水中進行沐浴，藉此帶走災晦不祥之氣。當代日本人喜歡洗澡，各地都設置有公共浴池（錢湯／せんとう），大概可以追溯至這樣的文化傳統。

因此當留學大唐的日本留學生，一邊頌吟著《蘭亭集序》，也一邊帶回了「三月三上巳節洗澡秀」。日本人驚訝的發現，怎麼高級的大唐文化「修禊事也」，居然像極了自身的傳統

「沐浴除穢」儀式？

擅長揉雜儀式的日本人發揮巧思，將原本古老的形代傳統，結合唐朝舶來進口的「上巳洗澡節」，就變成在河邊洗澡後，流放「形代」的文化活動（類似台灣的送王船）。

成書於九世紀的日本長篇小說《源氏物語》，其中一段描述了男主角光源氏，被流放到須磨（現神戶市西部）的情節。此時正逢三月巳日時，光源氏身旁人勸說：「今天是上巳日，您身逢憂患，不妨前往海邊進行修禊祈福吧！」於是公子來到了海邊，命人架起簡單的帳子，請幾位過路的陰陽師來舉行修禊儀式。只見到陰陽師拿一個大型的草人，口中唸唸有詞，手中的扇子在公子頭上與稻草人中反覆挪移比畫，這是將災禍轉移到稻草人身上的常見法術。最後再將草人放在船中，草人在海上順水飄走，也帶走光源氏的穢氣。

由此可以知，最遲至九世紀，唐朝的上巳節已經傳入了日本，並結合了日本的形代傳統，形成了獨特的河邊流放草人的祈福儀式。

由於平安時期的貴族女生流行玩人偶，再加上杜甫詩中「長安水邊多麗人」的文化暗示，一群群日本貴族女孩會在「上巳洗澡節」時，聚集在河邊清洗汙穢後，將隨身攜帶的「形代玩偶」放水流逝。漸漸地，這項由貴族女孩帶頭示範的沙龍活動，庶民女孩也開始仿效，日本的「上巳節」就慢慢演變成替女兒祈福的「女兒節」。

美麗的女兒節玩偶

經過漫長征戰的戰國時期，日本迎來歷史上最強盛的武家政權——江戶幕府。江戶時期政治穩定、經濟發展迅速，傳統文化得以傳承和發展，三月三日女兒節也在江戶時代正式定型。隨著百姓生活水平提升，女孩們攜帶的形代人偶愈做愈精緻，愈做愈華麗，在洗滌汙穢儀式後，實在捨不得將其放水流放，於是再演變成將人偶帶回家供奉的習俗。

每年從二月二十五日到三月五日上巳節前後，在江戶街道上全部都是出售女兒節用品玩偶的店鋪，其熱鬧流行程度，可見一斑。由於商人的炒作與江戶幕府的鼓勵，在家供奉的女兒節玩偶，愈多愈好，數量多到可以像階梯一樣層次排列。日本視奇數為吉數。最高級的人形娃娃會有七層，再下來是五層、三層、一層。一般家庭往往是三層至一層之間。層數的多寡也反映了個人的經濟實力。

日本商人更是開發出「散壽司」，成為女兒節的獨特食物。所謂的散壽司，就是煮好的一鍋醋飯，上頭放入蝦子（祈願長壽）、蓮藕（祈願前途明朗）、豆子（祈願健康）等吉祥食材，由於沒有使用海苔捲飯，稱作散壽司。日本卡通《櫻桃小丸子》中，也演出了小丸子邀請朋友來家中過女兒節的劇情。其中小丸子家中擺設的娃娃就是五層，相當華麗；而小丸子媽媽招待大家的食物，就是散壽司。

不過人偶畢竟是「形代」，如果長時間沒有丟棄，會為家中的女兒帶來厄運，但是丟棄又覺得可惜，所以日本各寺廟神社興起了這樣的商業活動，在女兒節過後，收取相關費用，幫忙供奉家中不需要的人偶。也有一些百貨公司，會將各地蒐集而來的人偶堆成巨塔，再點上華麗的燈飾，吸引人氣。

此外，日本女兒節又稱「雛祭」（ひな祭り）。雛，中文原指小雞或是幼小的兒女，在日文雛（ひな），則有人偶娃娃的意思。

京都的下鴨神社，每隔四年會舉行「流雛儀式」（流し雛は）。流雛儀式就是女兒節的原始宗教儀式，它將雛人形視為小孩的替身（形代），將其流入河中以驅除汙穢，祈求孩子的平

Q版可愛的女兒節娃娃造型。
（圖片來源：photo AC）

華麗多層的女兒節娃娃擺飾。
（圖片來源：photo AC）

寺廟神社中所供奉的女兒節娃娃。
(圖片來源：photo AC)

安健康。

反觀「上巳節」發源地唐朝中國，經過安史、黃巢之亂的大肆破壞，再加上之後強調儒家思想為主導的北宋皇朝，眾多道學先生們，實在無法忍受一群女生聚集在河邊搔首弄姿、賣弄胴體、傷風敗俗。且史學家們也一致認為，唐朝之所以滅亡，就是太多這種汙穢、下流的奇怪節慶。於是曾經流行千年的文化洗澡節，在北宋自卑知識分子的聯合抵制下，逐漸消失在歷史的灰燼當中。

千年以後，當兩岸的國文老師講解到《蘭亭集序》中的「修禊事」時，總是匆匆帶過，因為老師們壓根都不知道，這樣的「修禊事」可是中國show girl的鼻祖呢！然而諷刺的是，這項消失的文化傳統，卻仍然保存在東洋的日本中。

我們過慣了中秋、清明、端午，何妨來個文化復興，過一趟「河邊走秀節」呢？

參、流觴曲水與流水拉麵

《蘭亭集序》風風光光地傳入日本，其中的「修禊事也」，演變成日本熱鬧的女兒節。而除了「修禊事也」，《蘭亭集序》中還有一道重要的文化密碼，深深影響日本的飲食文化，那就是「流觴曲水」。

顧名思義，流觴曲水就是在彎曲的河道上，斟酒於漂浮的酒杯中，文人雅士則是列坐其次，待酒杯流至面前，取酒飲用。流觴曲水在魏晉時期大為流行，這或許與亂世中壓抑的苦悶心情有關，不過在水面上漂浮的東西，最早並不是酒杯，而是雞蛋與紅棗，這到底是怎麼一回事呢？

雞蛋與紅棗

原來棗子在古代是種神奇的水果，《史記．封禪書》、魏晉年間流傳的小說《漢武帝內傳》、《東陽記》都記載了食用棗子後所獲得神祕能量。比較著名的是《東陽記》的這則故事：

一名樵夫到深山砍柴，見童子四人，彈琵而歌，好奇留了下來。童子給樵夫吃了一顆棗子，說也奇怪，含在嘴裡就不覺得飢餓。後來樵夫準備要回家，才發現手上拿的斧頭，斧柄早已壞爛，回到家時，親人皆已過世，原來已經過了數十年之久。

棗子具有長生的能量，卵蛋也是不遑多讓。《史記．殷本紀》與《詩經．商頌》中，記述了殷人的始祖母簡狄，吞下了天帝使者燕子銜來的卵蛋，因而生下了商祖「契」。由此可知，棗與卵蛋，都是生命能量的象徵。再加上遠古時期，人口不繁，為了獎勵男女婚媾、促進生育，在《周禮》中，甚至在春天之月，萬物復甦之際，聚集男男女女，來場「奔者不禁」的婚配大會。有趣的是，三月三日美女出遊洗浴的上巳節，亦是在嫵媚迷人的春日舉行。於是乎，上巳的美女出遊，搭配《周禮》的婚配暗示，演化出在河面上撒上大片紅棗與熟雞蛋的美麗畫面。

列坐夾岸的男男女女，男生食用紅棗益壽健康、體力旺；女生吞食雞蛋好孕連連、螽斯衍慶。這樣略帶情色的食物聯想，或許現代被文明馴化的我們難以想像，但是在重視子嗣文化的華人信仰中，卻是再平常也不過的。

君不見莊重、喜氣的婚禮會場，只見到主持人叫大家捧起酒杯，用閩南語大聲喊著：「一杯酒予伊焦焦焦，新娘明年趕緊生（膦）葩」（台語諧音「一杯酒喝給答答（乾乾），新娘明年趕快生覽趴」），雖然粗俗，但卻也貼切。

漂浮酒杯

不過棗子、雞蛋這類象徵原始生殖力量的食物，在經濟發達的中國南方，似乎沒那麼重要。南朝梁《續齊諧記》記載：

屈原五月五日，自投汨羅而死，楚人哀之，每至此日，輒以竹筒貯米，投水祭之……

屈原是屬於南方楚國人，端午節紀念他，本屬於南方文化。

永嘉之禍後，北方政權遷徙至南方偏安，為了獲得當地士族的支持，整個南方政權皆大力推廣端午節，等到隋唐全國統一，再南北匯流成為中國的節慶。

「流觴曲水」的發展亦是類似的過程。

成書於南朝梁，中國的第一部民俗志《荊楚歲時記》，記載了大量中國南方長江流域的民俗活動：

> 三月三日，四民並出江渚池沼間，為流杯曲水之飲。

原來王羲之的「流觴曲水」也是屬於南方文化。

紅棗、雞蛋有其增進生育、祈福的明確象徵目的，但是漂浮的酒杯則是幾近頹廢的純娛樂效果，酒杯材質若是沒有處理適當，肯定會進水，當然品之無味。

然而醉翁之意不在酒，就像夜市撈金魚不一定要帶回家一樣；流觴曲水是一種頹廢式的放鬆，最單純的娛樂活動，再搭配上南方盛行的清談玄學，以及王羲之《蘭亭集序》的推波助瀾，於是乎，這樣的頹廢娛樂竟然蔚為風潮，形成一種獨特的文人娛樂。

大唐曲江宴

早在秦、漢時期，上林苑中的宜春苑，原為天然池沼，岸邊曲折多姿，林木繁茂，煙水明媚，故名曰曲江。唐玄宗開元初年，對曲江園林進行了大規模擴建。由於進士放榜在春天，接近三月三日的上巳節，於是皇帝就會選在上巳節，在曲江池畔設立華麗的筵席，宴請當朝進士，名為「曲江宴」。

曲江宴盛大華麗、池畔痴狂，足以展現唐人精彩無比的自信高傲，它不是魏晉的玄遠頹廢，也不是兩宋的內省深沉；而是朝氣蓬勃、縱情生活，是對人間現實的肯定、憧憬和執著，這就是盛世的風流。

唐朝眾多詩人，諸如劉禹錫、王維、杜甫，都對盛世風流的「曲江宴」留下華麗的歷史鏡頭。據清編《全唐詩》統計，唐代專題吟詠或涉及曲江的詩篇近三百餘首，曲江宴的盛況可見一斑。

然而令人困惑的是，上巳節曲江池畔設宴，池面上是華麗的錦船競艷，池畔是盛大的筵席垂涎，但是流行百年，漂浮的酒杯卻消失了？這又是怎麼一回事？

其實答案就在唐詩中：

大漠孤煙直，長河落日圓。

——王維《使至塞上》

瀚海闌干百丈冰，愁雲慘淡萬里凝。

——岑參《白雪歌送武判官歸京》

黃沙百戰穿金甲，不破樓蘭終不還！

——王昌齡《從軍行·其四》

隨著帝國的開疆闢壤，唐朝詩人嚮往的是大唐盛世的生命壯遊，雄渾、磅礴、豪放、悲壯、瑰麗，種種高昂的生命激盪，方能喚醒盛世風流的剛健靈魂。

「一群頹廢文人，列坐在水池畔，等待著啜飲，漂浮而來，可能已經摻水的酒杯」，這種接近「呼大麻」的墮落畫面，在大唐盛世精神的強力掃蕩下，逐漸消失在唐朝文人的記憶中。

有趣的是，在唐朝就已消失的流觴曲水，卻在當代日本完整保留。日本在上巳節前後，各地都會舉辦華麗古典的「曲水

日本江戶時代畫家山本若麟所繪《蘭亭曲水圖》。
（圖片來源：維基公領域）

宴」，穿著古裝的男男女女，列坐溪流兩側，等待著流觴漂流而至，取杯宴飲。

日本曾經派出大量的遣唐使學習大唐文化，那為何日本保留王羲之的「流觴曲水」，卻放棄大唐風流的「曲江宴」呢？

物哀美學

據日本第一部正史書籍《日本書紀》記載，「曲水宴」最早在日本出現，可以追溯至西元四八五年「三月上巳幸後苑曲水宴」；此時也正值中國南朝宋、齊之際，亦是王羲之「會於會稽山陰之蘭亭」後的一百三十多年。換言之，中國的上巳節，早在遣唐使入唐以前，日本人就已迫不及待地感受「曲水宴」的歡愉氣氛，那麼曲水宴的內容是否就是王羲之在《蘭亭集序》中的「流觴曲水」呢？

現存日本最早的漢詩集《懷風藻》收錄了詩人山田三方的《三月三日曲水宴》：

不憚流水急，唯恨盞遲來。

這段文字指的是：**不怕流水太湍急，只恨那順流而下的酒杯太晚來**。

毫無疑問，日本的「曲水宴」正是王羲之筆下的「流觴曲水」。

有趣的是，漢詩集《懷風藻》的成書年代是西元七二四—七二九年之間，此時正是中國唐玄宗大唐盛世，唐朝早就不流行「流觴曲水」，但是日本卻保存了自中國南朝以來的酒杯漂浮傳統，這究竟是怎麼一回事呢？

日本作為一個島國，是一個多火山的國家，全境有兩百多座火山，每天平均發生地震約四次。一世紀前發生的關東大地震，死亡達十五萬人；一九九五年阪神大地震，亦造成六千多人死亡；而二〇一一年舉世震驚的福島大地震，引發超大「津波」（つなみ，海嘯），造成兩萬人罹難，同時還引起嚴重的福島核災。

再加上日本的西部和南部夏季經常遭颱風襲擊，如二〇一八年侵襲關西地區的燕子颱風，就讓整座關西機場成為孤島，完全停擺。日本可說是一個自然災害頻仍，經常、反覆造成慘重傷亡的島嶼國家。

惶恐不安、朝不保夕的地理環境，形塑出不同大陸文明的獨特日本性格。
日本美學家谷崎潤一郎《陰翳禮贊》中亦說道：

我們東洋人具有在自己所處的環境中尋求滿足，意欲安於現狀的性格，對陰翳不會感到不滿，而是清醒地認識到其中的無奈，聽其自然，反過來沉潛其中，努力去發現自身獨特的美。

谷崎潤一郎點出日本美學中的一個重要特色——「無奈」：面對自然的無情，面對災害的頻仍，無可奈何之際，反而發現一種特殊美感，這就是日本著名的「物哀美學」。正因為生命朝不保夕，在這哀傷的氛圍中，反而成就生命的真實美感。

曹操著名的《短歌行》：「對酒當歌，人生幾何？譬如朝露，去日苦多。」如同鍾嶸《詩品》對曹操的評價：「曹公古直，甚有悲涼之句。」「悲涼」二字簡單概括了那個戰亂、瘟疫橫行的年代。

事實上，整部《蘭亭集序》瀰漫著的就是這股悲涼的基調。在蘭亭集裡的賢人雅士，他們都是有故事的人，從幸福中感受生命的無常，再從紛亂的哀傷中體驗到美的依靠。他們信任文字、嗜美成癖，企圖從文字美感中尋覓生命的永恆，這不正是屬於魏晉的「物哀美學」嗎？

魏晉「物哀美學」在唐朝盛世光輝下，只能遁隱消跡，隱身陰翳，然而卻又在東瀛日本尋獲新生命。當遣唐使帶回仿真的《蘭亭集序》，文字中的句句哀傷，直契大和民族生命的深層陰翳悲涼。

「一群頹廢文人，列坐在水池畔，等待著啜飲漂浮而來，可能已經摻水的酒杯」，這種接近「呼大麻」，毫無意義的墮落畫面，正是自我價值的最佳實踐。

「流觴曲水」，重新演繹了大和民族哀傷美感的悲涼旋律。

每年四月的第二個星期天，京都的世界遺產——上賀茂神社，會把美麗的春光時間交予曲水宴：

童子把日式羽觴放入水中，酒杯順水而下，慢慢地流至詩人面前。詩人在酒杯到來前，將詩歌寫在短冊上，然後順手瀟灑地接起水面上的酒觴，一飲而盡，寫好的詩最後由特定的講師大聲唱詠出來。

美麗春光詠詩畫面，這不正是王羲之《蘭亭集序》中「一觴一詠，亦足以暢敘幽情」嗎？這樣美麗的頹廢，全世界僅存大和民族可以完美呈現。「禮失而求諸野」，日本保留了最完整的中國上巳節活動。

商業美食「流觴曲水」

日本人開發出一種飲食活動：在夏天，大家選在涼爽的溪邊，坐在剖半的竹筒兩旁，用筷子撈起上端順水流下的麵條。可能會吃到別人的口水，可能會來不及，麵條隨即順水而逝。不過不要緊，就如同漂浮的酒杯肯定會進水，重點是當下的歡愉實踐，這就是日本夏日最著名的流水拉麵。

講到了流水拉麵，您一定會想到另一種日本飲食模式：一群人坐在餐桌移動的運輸帶旁，師傅把製作好的壽司擺在運輸帶上，讓運輸帶搭載著壽司，圍繞餐桌而行。客人看到迎面而來的壽司，喜歡的，就隨手拿起吧！可能喜歡的口味被前面的人拿走，可能動作太慢，壽司稍縱

在沁涼的瀑布前品茗發呆，等待稍縱即逝的白色麵條，這是「流觴曲水」的頹廢變形，只有在日本物哀美學中才能感動呈現。
（圖片來源：photo AC）

好吃又好玩，紅遍全世界的迴轉壽司。
（圖片來源：photo AC）

即逝。不過不要緊，就如同漂浮的酒杯肯定會進水，重點是當下的歡愉實踐，這就是紅遍全世界的日本迴轉壽司。

從流觴曲水、流水拉麵到迴轉壽司，把握生活中每一分秒的細緻享受，《蘭亭集序》的流動美感，在此一一完整呈現。

參考文獻

孫歡：〈唐代上巳節習俗考論〉，《河南科技大學學報》，社會科學版，二〇〇三年十月。

賈艷紅：〈上巳節考論〉，《齊魯學刊》，二〇一五年一月。

邱麗君：〈日本三月三節俗的源起與流變〉，《鄭州大學學報》，哲學社會科學版，二〇一九年七月。

《快雪時晴帖》、《虯髯客傳》遇見日本跪坐文化

引子

陪伴我們長大的日本動畫《哆啦A夢》，主角之一大雄的房間，是整部《哆啦A夢》中最常出現的場景。大雄的房間位在家中二樓，進門左側為大雄的書櫃，右側是哆啦A夢睡覺的櫃子，正前方則是大雄的書桌及椅子。將書桌的抽屜打開，裡面藏有哆啦A夢的法寶——時光機。有一集講述恐龍的故事，就是搭乘時光機回到侏儸紀的恐龍時代。

好了，介紹完大雄房間，怎麼沒看到他的床呢？原來大雄睡覺的地方，就是中間的地板。在日語中，床有兩個讀音，一個是代表地板的「床（ゆか）」；另一個則是在地板鋪設棉被的「床（とこ）」。換言之，床就是地板，難怪大雄要把地板當床來睡。

問題來了：為什麼大雄要把地板當床來睡呢？

我們透過《快雪時晴帖》、《虯髯客傳》這兩篇文章，來尋找日本文化中，用地板睡覺的祕密。

壹、《快雪時晴帖》遇見跪坐

北京故宮養心殿的西暖閣，是乾隆皇帝的書房。乾隆十一年，這位大清盛世的最後傳人，在此收藏了晉朝書法家族的三部作品，分別為王羲之《快雪時晴帖》、王獻之《中秋帖》和王珣《伯遠帖》。為了紀念這三樣稀世珍物，乾隆將書房命名為「三希堂」。

在這三件作品中，乾隆最迷戀王羲之的《快雪時晴帖》，反覆臨摹不下數百次，不僅在上面蓋了一百七十個印章，還情不自禁地在中間寫了「神」，痴迷程度，可見一斑。

民國成立後，根據《清室優待條件》，末代皇帝溥儀仍可續留紫禁城，儘管名義上有民國政府撥款歲用「四百萬兩」來維持小朝廷的開支；但是由於北京政局未穩，真正收到的銀兩可說是杯水車薪。為了維繫生計，溥儀只能不斷運賣清宮中的文物，很快就輪到《快雪時晴帖》了。

還好，當一九二四年溥儀試圖夾帶《快雪時晴帖》出宮，被北洋士兵搜出，這件稀世珍寶才轉交予「清室善後委員會」保管，最後輾轉南遷，來到了台北故宮。

打開這件王羲之寫給住在山陰的朋友張侯的慰問信：

羲之頓首：

快雪時晴，佳。想安善，未果為結。力不次，王羲之頓首。山陰張侯。

——《快雪時晴帖》

意思是說：

王羲之恭敬叩拜：

剛才下了一場雪，現在天又轉晴了，想必你那裡一切都好吧！

上次的聚會我沒能去，心裡很鬱悶。體力不繼，表達難以得體，就此停筆。

王羲之恭敬叩拜。山陰張侯。（山陰張侯是收信人，理應寫在信封，應該是臨摹者不想有遺珠之憾，一併抄錄於正文。）

短短二十八字，開頭與結尾各自使用「頓首」二字，可見頓首是很常見的書信使用語。

然而令人納悶的是，頓首的白話翻譯是「以首頓地」，也就是磕頭的意思，為什麼簡單的書信問候語，要恭敬到磕頭呢？

我們留意到記錄上古官制的《周禮》，其中有「九拜」之說。「拜」，在古代是行敬禮之意，九拜即是依不同的等級、社會身分，在不同的場合所使用的九種跪拜禮儀。

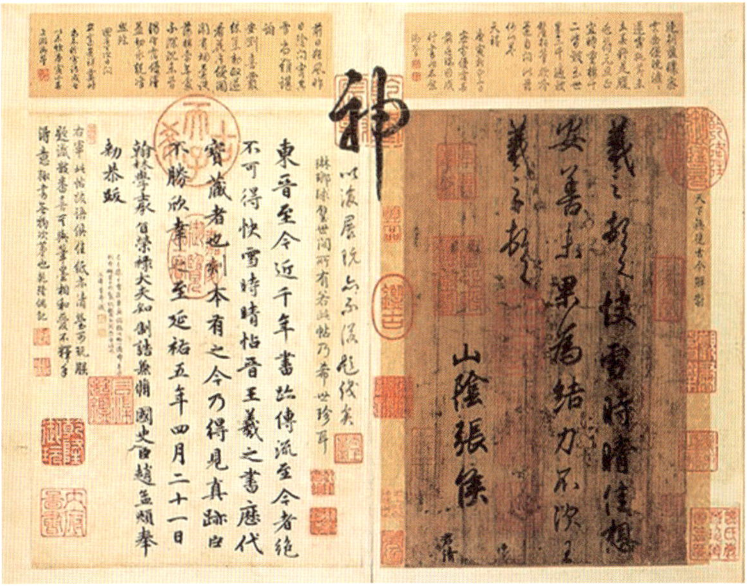

乾隆皇帝所收藏的《快雪時晴帖》，除了滿滿的印章外，中間還有乾隆御批「神」。（圖片來源：維基公領域）

如果看官您覺得「九拜」太複雜，那只要記住一個重點，只要「下跪」就對了。

「下跪」居然還可以區分九種不同的模式，為什麼古人這麼喜歡下跪呢？其實這和古代的跪坐文化有關。

跪坐

從《禮記》、《說文》等文獻記載可知，古代不同身分階級，所配予的坐墊席子厚度也不同：天子的席子有五層厚，諸侯的席子三層厚，大夫則是兩層。不僅厚度有別，天子、諸侯席上頭還都有黼繡的圖案加以裝飾，有點類似今日的名牌包包，要放上LV的圖飾造型，才能凸顯尊榮的仕女地位。

不過令人好奇的是，席子是作為地墊鋪在地上，為什麼還要用厚度來區別呢？是有保暖的作用嗎？回答這個問題之前，我們必須

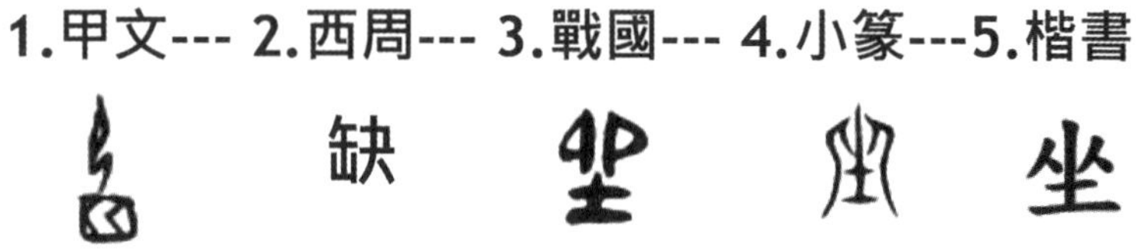

「坐」一字的字形演變。

先了解，古人是如何坐的。

坐的甲骨文為「」，象是一個人跪在席子上的樣貌，與出土坐俑的造型相似。不同於今人坐在椅子上，古人是跪坐席墊上的。

我們先將鏡頭拉至國文課本《史記・項羽本紀》中：護主心切的樊噲，聽聞項羽要對劉邦不利，立即左握盾牌、右持長劍，以百米衝刺的速度將門口衛士撞倒，闖入鴻門宴現場：

> 頭髮上指，目眥盡裂，瞋目視項王。

項王以為有刺客，受到驚嚇，本能反應做出拔劍的防衛動作：

> 按劍而跽曰：「客何為者？」

特別注意文中提到項羽拔劍的帥姿，必須配合上一個動作，才能讓整個畫面優雅一氣呵成，那就是「跽」。

什麼是「跽」呢？「跽」，就是長跪。原來在跪坐的姿態中，有時為了表達恭敬，會將大腿離開小腿，此時腰桿打直，在視覺效果上，身體會有加長的感覺，所以稱為「長跪」。不僅如此，「跽」（長跪）還可以來表現一個動態的過程。即從「跪坐」再到起身站立的準備姿態。

因此當樊噲衝進宴會時，項羽以為有刺客，從原本的跪坐，緊急把腰桿挺直，準備起身拔劍戰鬥，就形成這樣帥氣的鏡頭「按劍而跽」。從項羽「按劍而跽」的畫面可知，在鴻門宴會場內，每一個人，在樊噲衝入前，通通是採用跪坐的姿態，靜靜等待歷史的焦灼宣判。

問題來了，一場宴會下來，少說也要幾小時，跪在地上久了，膝蓋會不舒服，怎麼辦呢？古人非常聰明，那就加個墊子吧，這個墊子，就是席。

席子越厚，跪起來越舒服，而舒服自古以來都是貴族的專利。前文所提，不同身分階級，所配予的坐墊席子厚度也不同，就是這個道理。

值得一提的是，在一場會議中，最重要人物的席子稱作「主席」。「主席」，入座後，會

當代宗教祈禱時的長跪姿，對應於中國古代，即是「跽」的範疇。
（圖片來源：Pexels）

議才能夠開始，後來稱呼會議的主持人為「主席」，原來典故是來自膝蓋上跪的席子。

由此可知，並不是古人喜歡下跪，而是他們本來就處於「跪坐」的姿勢，再由此衍伸出「九拜」的複雜禮儀。

要明白「坐」的原始意涵，才是了解上古文化的關鍵密碼。

兩種磕頭

弄清楚古人是跪坐在席墊上，就可以解答，為什麼簡單的書信問候語，要恭敬到「頓首」磕頭。

我們先說一段故事：話說古代有一位小屁孩，他沒事會站在高台上，用彈弓彈人，然後再好好欣賞大家躲避彈丸的狼狽模樣。別懷疑，這位小屁孩就是春秋時期魏國國君——魏靈公。

魏靈公除了頑皮之外，他還非常殘暴。有一次，廚師烹煮熊掌沒有煮爛，靈公非常生氣，令人將廚師肢解，裝載畚箕裡頭，抬出去丟掉。晉國大臣看到了畚箕搬運時露出的手，才知道小屁孩靈公，已經進階升級為變態殺人魔，不糾正不行。於是大家用車輪戰的方式，輪流上諫，靈公被疲勞轟炸到受不了，只好說：「我知道錯了，我會改」。此時《左傳》將鏡頭聚焦在大臣士季身上：

士季稽首而對曰：「人誰無過？過而能改，善莫大焉。」

意思是說：**士季跪下磕頭講話：大家都會犯錯，有錯能改，沒有比這個更好的。**

特別注意的是，士季在對靈公說話時，做了一個「稽首」的動作。「稽」有停留之義，「稽首」就是頭觸地，停留一段時間，以表尊重，這是大臣參拜國君之禮。

「稽首」是君臣之禮，那「頓首」呢？

「頓」有短時間之意，「頓首」則是頭觸地後，點一下即起，適用於平輩之間。朋友雙方晤談見面，雙方皆是跪坐的姿態下，用頭微微觸地，表示禮貌，這就是頓首。

事實上，由於古代是跪坐文化，將頭觸地，亦不過是類似鞠躬的動作。因此即使是臣對君的「稽首」，也不是什麼三跪九叩的大禮，而是比平時打招呼，頭觸地的時間停留久一點。

有了這樣的概念，再來看《快雪時晴帖》。

由於東晉仍然盛行跪坐文化，王羲之向好友「山陰張侯」打招呼，以跪坐之姿，輕輕將頭觸地，隨即抬起，轉化成書信用語，就形成《快雪時晴帖》中的「羲之頓首」。

原來「頓首」並不是後代理解的下跪磕頭，而是以跪坐姿勢，打招呼而已。然而打招呼的「頓首」與我們文章開頭「大雄睡地板」有什麼關係呢？那就要進入到第二階段「榻榻米」的討論。

貳、《虯髯客傳》遇見榻榻米

國文課本中所選錄的《虯髯客傳》，內容敘述紅拂女慧眼識英雄，與李靖私奔，一同至靈石縣投宿旅館。紅拂女（張氏）將床整理好後，開始梳頭。只見她放下美麗的頭髮，輕柔的髮絲飄散開來，垂到了地面，空氣中瀰漫著迷人的髮香，飄得人起一股嬝嬝綿綿的無限遐想。

此時一個滿臉鬍渣的虬髯客，騎著一頭蹇驢，闖進了旅社，隨手拿起枕頭倚靠，窺看著紅拂女梳頭。我們來看一段課文的文字形容：

行次靈石旅舍，既設床，爐中烹肉且熟。張氏以髮長委地，立梳床前。公方刷馬，忽有一人，中形，赤髯如虬，乘蹇驢而來，投革囊於爐前，取枕欹臥，看張梳頭。

這段文字存在著幾個問題：

1. 旅館的床不是已經放置好，為什麼還要設床呢？

2. 張氏（紅拂女）以髮長委地，難道頭髮不怕髒嗎？

3. 既然是有床，應該是屬於私密空間，為什麼虬髯客可以輕易地闖入呢？

回答這些問題之前，我們先來看看，到底古人的床（牀），究竟長什麼樣子？

牀的演變

「牀」的甲骨文做「」象木板下有支撐架，後來加上木字邊，標明其木質材料。特別注意甲骨文的牀字並不單獨使用，而是將「」立起當作偏旁「爿」（ㄑㄧㄤˊ床形），再配合聲符、形符使用。

譬如說，甲骨文「」，代表一個人形，右側身體遭受到箭鏃的攻擊。古代醫療技術不發達，受到箭傷的人，容易感染敗血症死亡，所以必須移置床上治療休息。因此到了春秋戰國時期，保留右側箭鏃的造型，再將左側的人形，改造成類似「」字形，形成「」字，就是我們熟悉生病之「疾」。

換言之，古代的「」並不是給人睡覺的，而是生病的時候使用。瞧！「病」字左斜上方，同疾字，亦採「」的變形偏旁。

東漢許慎在編纂《說文解字》時，也瞧見了這組特殊的生病密碼，特別設置了「疒」部首。「疒」讀為「牀」，就是甲骨文「」字變形，許慎解釋：

> 疒，倚也。人有疾痛也，象倚箸之形。

有疾痛所倚靠的東西，當然就是牀了！

既然牀是給生病的人倚靠，那麼身體健康的人睡哪裡呢？

我們再看一個甲骨文「」，在屋簷下，一個人躺臥在席上休息，各位看官猜出來這是什麼字了嗎？這個字就是夜晚休息留宿之「宿」。

原來最早人們是躺在席子上睡覺過夜的，只有在生病的時候，才會躺在牀上。

了解了「宿」（），再結合前文所提「坐」（），古人居家的活動範圍都是在席墊上，那麼要在哪裡吃飯呢？由於上古時期椅子尚未發明，在人們採取跪坐的環境中，為了方便起見，餐桌僅僅是短腳高度的「案」，方便輕鬆移動。

東漢時期，梁鴻的太太非常仰慕丈夫，每次準備飯菜時，為了表示恭敬，太太會把放置飯菜的案桌，高舉到眉毛的高度，再敬呈給梁鴻，「舉案齊眉」的成語就來自於此。

1.甲文--- 2.西周--- 3.戰國--- 4.小篆---5.楷書

「床」一字的字形演變。

1.甲文--- 2.西周--- 3.戰國--- 4.小篆---5.楷書

「疾」一字的字形演變。

1.甲文--- 2.西周--- 3.戰國--- 4.小篆---5.楷書

「宿」一字的字形演變。

當然現在社會標榜兩性平等，太太變成奴僕的「舉案齊眉」，肯定會挨罵的。不過我們從中可得知，在跪坐的場域中，所有家具的擺設都是以短腳、可自由移動的低矮設計為主，包括前頭所提，生病使用的牀。

春秋時期楚國的令尹（宰相）子庚去世，楚王打算讓大臣薳子馮繼任，但是此時楚國的權臣太多，擔任令尹是件苦差事。於是，薳子馮便以身染重病為藉口拒絕了楚王。此時正值盛夏暑天，為了裝病，薳子馮在地下挖了個大地窖，住在裡面，史書記載他一個特殊的動作：

> 下冰而床焉。
>
> ——《左傳．襄公二十一年》

意思是指：**把冰塊放在下面，再把床架在上面**。

原來夏天不容易生病，為了讓自己感冒，薳子馮特地找來冰塊囤放在地窖裡，然後再架床在上面睡覺。古人要裝病，也太辛苦了。

細心的讀者或許發問：「先把床架好，再放置冰塊，不是比較符合常理嗎？」

其實在跪坐的場域中，床的高度，如同「舉案齊眉」中可移動的「案」，亦是短腳的設計，甚至類似「單架」構造，才能方便移動。既然是短腳單架的構造，先架床的話，可能不容易塞冰塊進去；先鋪一層薄冰，再把床給架上去，才是實際的作法。由於床是短腳的設計，與鋪席的地面差異不大，於是「床」慢慢也脫離甲骨文中生病時才使用的框架。

舉例來說，《禮記》中記載服喪時，因應不同的親屬對象，而有不同的睡覺環境：

父母之喪，是喪級中最重的，為了表達對父母的哀思，用土塊當作枕頭，要睡在粗草鋪成的苫（ㄕㄢ）席上，有句成語「寢苫枕塊」，就是說明服父母喪時，哀思簡陋痛苦的睡眠環境。若是替親屬等級較遠的人服喪，例如曾祖、高祖，此時哀思的情緒較為淡泊，那麼就可以睡在比較舒適的床上了（小功緦麻，床可也）。

換言之，最遲至《禮記》的成書年代（約為戰國中葉），沒有生病人也可以睡床上了。

此外，為了招待賓客，區別於一般人跪坐時所用的地墊，到了東漢之際，發展出類似床的坐具──「榻」。

榻的發明

《後漢書》記載一則故事：南昌太守陳蕃，不喜賓客，唯獨對徐稚例外。為了表達對他的禮遇與尊敬，陳蕃會特別準備一個「榻」，在徐稚來訪時，放下「榻」接待他，徐稚離開後再懸掛起來。後來我們稱呼住宿旅館為「下榻」，典故即來自此。

東漢劉熙編了一本解釋事物命名緣由的專書《釋名》，對於當代流行的「榻」，有以下的解釋：

> 長狹而卑曰榻，言其榻然近地也。

意思是說：**狹長形低矮的小床叫做榻，因為高度好似塌陷靠近地面。**

一九六五年河南鄲城一座西漢後期磚室古墓，出土一長方形青石榻，長八十七．五公分，寬七十二公分，高十九公分，榻面刻隸書：「漢故博士常山太傅王君坐榻。」從大小來看，這座石榻長寬皆小於一百公分，並不適用於成人躺臥，而榻面文字也說明，這是屬於坐榻的範疇。

在文字學上，「榻」通「塌」，有塌陷、迫近地面之意。從上述出土石榻的高度僅十九公分，正可說明，「榻」與「床」一樣，皆屬於跪坐文化中的矮腳坐寢具。

《三國志》引裴松之《三國志注》，有一則管寧的故事，大意是說：管寧是東漢高士，由於他堅持以跪坐的姿勢，跪坐在木榻上，持續累積了五十餘年，木榻上膝蓋所跪之處，被他跪出一個大洞。

儘管這則故事有誇張的成分，但是這樣的故事會被保留下來，代表坐榻上的姿勢屬於禮教上的評價範疇。

不過到了南唐後主李煜，此時宋太祖趙匡胤準備對南唐用兵，李煜派遣徐鉉出使宋朝，請求暫緩出兵，宋太祖則答說：

不須多言，江南亦有何罪？但天下一家，臥榻之側，豈容他人鼾睡乎？

——《續資治通鑑長編．太祖》

大意是說，我睡覺的地方，怎麼允許別人打鼾呢？（就是要出兵消滅你。）原來宋太祖的「榻」不是拿來跪的，而是用來臥睡；由此可知，到了宋朝，「榻」，可坐、可臥，彼此之間並沒有嚴格規範。

此外，隨著編織技術的進步，發明了將稻草曬乾後，混合編織成具有厚度的舒適地墊，類似今日的榻榻米，逐漸取代原本的席墊，成為跪坐文化中標準的地板配備。

《三國志》中也記載了劉備從小和媽媽一起以「織席為業」。織席榻榻米可以成為一種職業，養活我們桃園三結義中的大哥，最後還讓他起兵建立蜀漢，可知道榻榻米絕對是古代生活中的必需品，而且利潤頗豐。

既然編織技術進步促使榻榻米的興起，那麼直接在榻榻米上鋪上墊被，放置枕頭，不就成為簡單的臥鋪床嗎？

於是在跪坐文化中，「榻榻米臥鋪」、「榻」、「床」，這三者間的界線也逐漸混淆，一般來說，平民百姓，只要是可以睡覺的地方，都可稱做床。

由於劉備製作的織席榻榻米，是將稻草曬乾後，一層層堆疊編織而成。傳入日本之後，日本人大為驚艷這種稻草的堆疊技術，於是就用漢字「疊」，作為織席榻榻米的名稱。

但是「疊」字上方三個「田」，太複雜了，於是再簡化為「畳」字，日文發音為（たたみ），中文翻譯為「榻榻米」。稻草堆疊的榻榻米，最早是中國發明的，但是在中國已經失傳，現今我們只能藉由日文「畳」（榻榻米），來說明這項曾經養活劉備一家人的重要技術。因為「織席榻榻米」可坐、可臥、可躺，前頭所提，管寧跪了五十年的木榻（矮床），也逐漸被「織席榻榻米」所取代。

保留唐代文化最多的日本，現今的日常生活中，已經不見榻了。不過平安時期的遣唐史高僧——空海大師，在東京國立博物館所藏的畫像中，仍可見其坐在榻上。有趣的是，韓國同樣接受中國文化的影響，在韓劇中，我們經常可以看到一家人坐在庭院的大床上吃飯聊天，這個

大床韓文名之「평상」，中文翻譯為平板床，其實就是榻床的演變。

「榻榻米」來了

有了這樣的概念後，我們再回頭看《虬髯客傳》，許多困惑都可以迎刃而解了。首先《虬髯客傳》是屬於唐朝的作品，紅拂女和李靖私奔來到靈石旅舍，那麼旅舍內該怎麼擺設呢？是如同我們在外住宿，有擺放整齊的床鋪、坐椅、桌子嗎？其實都不是。

首先唐朝仍屬於跪坐文化，除了庭院可以停放馬匹，一開門，就如同日式空間，是整片的榻榻米。店家雖有提供寢具，但必須由自己決定睡覺的位置，再鋪上墊被、枕頭，因此才有「既設床」的文字敘述。

其次：「張氏以髮長委地，立梳床前。」傳統的翻譯是紅佛女打開髮髻，讓長髮覆蓋於地面，站立在床前梳頭。

這樣的翻譯會有一個問題，古代因為沒有吹風機，長髮的女人並不常洗頭，頭髮覆蓋到地面，不怕弄髒頭髮嗎？但是如果把榻榻米的畫面放入，這段文字就容易理解。

此為山西大同石家寨，北魏司馬金龍墓，出土彩繪人物故事漆屏（局部），圖中女子即跪坐於榻床上。韓劇中常見的戶外平板床，即由榻床所演變而來。
（圖片來源：維基公領域）

平安時期空海大師的榻床。
（圖片來源：維基公領域）

鋪設榻榻米的日式和房。
（圖片來源：photo AC）

紅佛女打開髮髻，讓長髮覆蓋於榻榻米，站在剛鋪設好的床鋪前梳頭。由於旅舍是屬於半開放的榻榻米空間，紅拂女梳頭時，並未將拉門關閨。虬髯客見到紅拂女的美麗，直接闖入榻榻米空間，順手拿著剛才鋪設床鋪用的枕頭，倚靠著臥看紅拂女梳頭。注意喔！為什麼虬髯客不拿張椅子來坐著看美女梳頭呢？原因正是他進入的是榻榻米空間。

行文至此，我們可以回答開頭的提問，為什麼大雄要睡在地板上？因為日本仍然保留跪坐文化的榻榻米空間。

在現今的日文中，漢字「床」有兩種意思：其一是代表地板「床（ゆか）」；其二是代表鋪地板睡的「床（とこ）」。

各位看官，從日文床的兩重意涵，您是否看到中國文化的歷史遺跡呢？因為編織技術進步後榻榻米的興起，使得榻榻米臥鋪、榻、床，這三者間的界線也逐漸混淆，只要是可以睡覺的地方，都可稱做床。

瞧那《虬髯客傳》中的紅拂女，不正是從地板榻榻米上鋪設好自己的床嗎？這個睡覺的空間，是地板也是床，不正是日文中代表地板「床（ゆか）」與代表鋪地板睡的「床（とこ）」

因為是榻榻米房間，地板即是床，必須自行鋪設睡覺的區域，因此才有「設床」的動作。
（圖片來源：photo AC）

的雙重意涵嗎？

在日本動漫《哆啦A夢》，野比大雄房間的擺設，僅有書桌、櫥櫃，和中間的地板活動空間，此時這個地板叫做「床（ゆか）」。等待晚上要睡覺時，會從櫥櫃裡頭拿出棉被鋪設在地板上，此時這個地板就變成了鋪地板睡的「床（とこ）」。

同樣的場景也曾在著名動畫電影《你的名字》中出現。當男主角立花瀧與女主角三葉靈魂交換時，立花瀧在女主角身體醒來

日式和房僅以拉門與外界區隔，容易遭到外人窺視闖入。
（圖片來源：photo AC）

的第一件事，就是搓揉女性身體的胸部。這一幕讓女主角妹妹四葉打開房門時所目睹，妹妹覺得姊姊在發神經，生氣地把門用力關上（拉上）。

等到男主角立花瀧明白女主角三葉所居住的村莊，將毀於彗星撞擊，他必須再度回到女主角身體，去警告村民。經過一番儀式努力，瀧終於在早晨的三葉身體中醒來，他邊哭邊揉著三葉的胸部，此時妹妹再度打開房門，瀧激動地要去擁抱妹妹，妹妹嚇到再度把房門關上。

這兩個片段在北美地區上映時，恰巧遇到美國Me Too運動，導演新海誠為了北美票房，只能加以刪除。儘管這兩個片段帶有性別爭議，不過卻也忠實地呈現日本的榻榻米空間布局。

女主角三葉是睡在地板上鋪設的床「床（とこ）」，而妹妹則是以橫向施力的日式拉門方式開門。重點在於，妹妹每次開門，都可以一覽無遺看見姊姊，這是因為日式空間並沒有屏障，拉門一開，就是一覽無遺。

從這一幕的空間布局，就可以了解，為何虯髯客可以看見紅拂女在梳頭，因為在一般榻榻米格局中，並沒有任何的屏障。

細心的讀者或許會問：「如果是睡現代的高腳床，日文會如何稱呼呢？」現代意義的高腳床，日文以外來語的拼音「ベッド」來處理，就是英文的「Bed」的意思。換言之，即使經歷明治維新現代化之後，日本依舊堅持行不更名，坐不改姓，讓漢字「床」維持自己的文化傳統。

反觀華人文化，不管是繁體、還是簡體，我們早已忘記什麼才是自己的床，更遑論正確理解《虯髯客傳》中的場景意涵，不禁令人唏噓感嘆萬分。

參、失落的跪坐

明《初刻拍案驚奇》中記載一則故事，張客方看到資助他的恩人林上舍出現，激動地衝上前，準備低身彎腰，下跪磕頭，此時卻被林上舍一把扶住說道：

> 男兒膝下有黃金，如何拜人？

男兒膝下有黃金，非常寶貴，不可以隨意糟蹋、任意下跪。原來在王羲之《快雪時晴帖》中，單純地跪坐磕頭招呼，到了明代，已經是關乎人格尊嚴了。

因為不可隨意下跪，因此下跪後的「叩首」便發展成為非常重的大禮。儘管民主社會已經取消對君王「稽首」的儀式；但是在民間的告別式，或出嫁女兒拜別父母，仍然保持叩首的大禮。

有趣的是，在現今民主國家中，仍然有一個國家，完整保留古代中國頓首、稽首的文化，那就是日本。

有一位台灣女網紅，記錄前往日本泡溫泉的畫面：離開時，老闆娘送網紅至門口處時，突然下跪，然後再將雙手放在額頭前方的日式木板上，以額頭觸碰在地板上的雙手模式，連磕了三個頭，不斷地喃喃自語：「ありがとうございます。」（非常感謝您）由於老闆娘是一位老婆婆，老婆婆向台灣的年輕女網紅下跪，不僅女網紅覺得不好意思，連在鏡頭外的我們，也覺得難以承受此大禮。幾句寒暄後，女網紅快步離去，結束這尷尬的畫面。

不過，若是我們仔細留意老婆婆的磕頭動作，她將額頭輕觸地板後，馬上抬起，反覆做了

日本至今還保留跪坐文化，圖為一位執行茶道的仿藝妓，跪坐在席墊上，不正是甲骨文中的「」字嗎？
（圖片來源：Pexels）

三次。大家是否覺得這樣的動作很熟悉呢？沒錯，這就是中國古代的「頓首」。頓首磕頭在日本文化中是很常見的禮儀動作，用來表達打招呼、感謝之意，如果我們用「膝下有黃金」的思維模式來理解，當然會覺得唐突、不知所措。

既然「頓首」完整地保留在日本文化之中，那麼我們不禁好奇，那位春秋時期魏國大臣士季，向小屁孩魏靈公施行大禮的「稽首」，在日本文化中是否也看得到呢？

當代稽首：土下座

台灣曾經有一位中日混血的女藝人Makiyo（川島茉樹代），她與日籍男友友寄隆輝，因為不滿計程車司機要求繫安全帶，憤而與男友聯手毆打司機，並在司機倒地後，連續以腳踹擊司機頭部，導致司機顱內出血、肋骨骨折轉入加護病房急救。

事後Makiyo和日籍男友舉行記者會，強調是司機有疑似性騷擾行為，才發生口角衝突，過程中是司機自己跌倒受傷，與他們無關。不過，在媒體公布行車記錄器後，發現兩人確實毆打司機，台灣輿論瞬間沸騰，強力撻伐兩人的惡劣行為，而檢方也以重傷害罪偵辦。

此時日籍男友出面道歉，面對媒體時，友寄隆輝下跪磕頭道歉。特別注意的，友寄磕頭時，額頭是直接接觸地面，雙手則置於額頭觸地時耳際兩側，此時動作靜止，時間長達十秒以上。

在拜禮中，將頭觸地，停留一段時間，這不正是古中國的稽首嗎？事實上，在日本仍然保留「稽首」之禮，不過有一個更正式的說法——「土下座」（どげざ）。

「土下座」是日本傳統禮儀，係指跪在地上，將頭觸地，停留一段時間。在古代通常用於平民遇見身分尊貴者的

日本謝罪「土下座」示意圖。
（圖片來源：photo AC）

儀式；現今社會則是向對方表達無比尊敬，或是表深切歉意。

不過一般來說，土下座大多是在謝罪的時候使用。舉例來說，日本著名電視劇《半澤直樹》，大反派「大和田」就曾向飾演「半澤直樹」的堺雅人，以土下座的模式下跪道歉。

戲劇反映真實社會：日本三一一大地震福島核災事故後，東京電力公司社長清水正孝巡視災民收容中心時，也向災民下跪道歉，《朝日新聞》即以斗大的標題：「東電社長土下座謝罪」。在台灣，政治人物巡視災區時，是絕對看不到下跪道歉的畫面，其實，並不是台灣人不夠誠意，而是彼此的文化不同。

日本保留了中國的頓首、稽首，令人好奇的是，鴻門宴中，那個把腰桿挺直，帥氣的項羽長跪之「跽」，是否也看得到呢？在幕府時代，武士在宴會上常常會受到仇人的攻擊，因此如何從標準的跪姿進入到戰鬥動作，「跽」是一個關鍵的練習。

在日本的拔刀術與合氣道的訓練中，經常看到從原始跪坐式，進而以「跽」，腰桿挺直，最後起身戰鬥，不啻還原了《史記·項羽本紀》西楚霸王的優美姿態。

古語云：「禮失而求諸野。」中國早已喪失的跪坐文化，甚至是項羽帥氣的拔劍

「跽」，都可以在日本文化中，找到完美的對應，這是一種驚艷，同時也是一種失落的唏噓。

最後再看一個例子：台灣在廟會中常見的伴奏大鼓，日本綜藝節目曾經派人來台學習製作。由於日本人始終掌握不到技巧，最後在台灣師傅指導下，成功地完成鼓皮的釘合。這位日本人非常高興，當場下跪磕頭感謝，留下一臉尷尬的台灣師傅。

各位看官，您能分別，這位來台學藝的日本人，是哪一種下跪磕頭嗎？

日本「合氣道」，以跪姿（跽）戰鬥示意圖。
（圖片來源：Illust AC）

肆、歷史的困惑：為什麼要坐椅子？

在佛堂寺廟裡頭，可以看到巍峨肅穆的佛像、神明塑像，端坐在神殿上，帶給人們安定的力量。

北宋時期的好奇寶寶蘇東坡，在《赤壁賦》裡研究月亮和江水的變化，仍感不滿足，當他看到神聖的塑像高高坐在殿椅上，總覺得哪裡不對勁。於是他翻閱大量的古籍，他發現古人是跪坐在席上，吃飯的案几配合跪坐就食的高度，呈現矮小的設計；但是到北宋時期的神像，通通坐上了椅子，供奉的祭品卻還擺在地下，那麼神明不就要趴在地上吃飯嗎？

南宋時期的大學問家朱熹，他除了會撰寫科舉考試參考書《四書集注》外，也觀察到同樣的問題：他發現，在四川成都府學內，還保有漢代禮殿，裡頭的聖賢塑像，皆是席地跪坐；但是當代的塑像卻也都坐上了椅子。

我們將時間撥快到十九世紀，此時腳踏車剛剛發明，其方便、自由的奔馳速度，風靡了全世界。讓原本行動遲緩、拘謹的女性，突然獲得與男性相同的移動權利，引起許多國家的保守人士站在男性壟斷的立場，呼籲禁止女性騎腳踏車，理由是女性騎腳踏車的姿勢過於猥褻、不雅，有傷風化。

一八九五年美國雜誌《文學文摘》（*Literary Digest*）甚至刊出這段文字，描述女性騎腳踏車時，一種特有的「腳踏車臉病」（bicycle face）：「臉色潮紅，有時蒼白，嘴角不時下垂，眼下方有黑眼圈，看起來總是很疲倦。」

我們現在看到這些文字紀錄會覺得很荒謬，事實上，中國椅子剛發明之際，也出現類似的狀況。與朱熹同時期的陸游，在其《老學庵筆記》中記載一則故事：

> 往時士大夫家，婦女坐椅子，則人皆譏笑其無法度。

白話翻譯很簡單，就是女性坐椅子是失禮的行為，會被人嘲笑的。

原來跪坐的姿勢會讓身體呈現半蜷曲狀，在視覺效果上，予人一種曲線優雅的氣質風範。

然而坐上高椅後，雙腳自然垂地，身體不再蜷曲，自在而舒服，予人一種精神解放的瀟灑氣象。遺憾的是，這樣的舒適自在，僅僅是男人的特權，女人坐上椅子，儀態放蕩，這是失禮的表現。

還好，這段文字是說「往時」，這是過去的記憶。在陸游的年代，椅子已經成為流行的家具了。毫無疑問地，宋代的坐禮本質上發生了轉變。

儘管東坡和朱熹都注意到椅子的問題，但是對於一般人而言，這些變遷的原因仍模糊不清，也因此鬧了不少笑話。

「人彘」的故事

《史記》中有一則這樣的故事：

漢文帝時，寵妾「慎夫人」享有特權，常與皇帝、皇后坐在相同的席位。有一天，漢文帝與竇皇后、慎夫人到上林苑遊賞，但負責布席的袁盎，故意把慎夫人的坐席望後挪動，離開皇帝、皇后所坐的區位。慎夫人覺得被歧視了，很生氣不肯就坐；文帝也覺得袁盎太雞婆，好好的出遊興致被打壞，也生氣了，準備起身返回宮中。

袁盎趕緊上前解釋：尊卑有序，上下才會和睦。慎夫人是妾，怎麼能與皇后同坐？陛下這樣寵愛反而會害了她。皇上難道忘記「人彘」的故事嗎？

文帝一聽，嚇了一身冷汗，採納了諫言並轉告慎夫人，慎夫人一聽，也是瑟瑟發抖，趕緊獎賞予袁盎豐厚的錢財。

看官們不免迷糊了，為什麼「人彘」故事可以讓文帝、慎夫人從震怒轉為瑟瑟發抖呢？

原來漢文帝的爸爸劉邦，平時特別寵愛戚夫人。戚夫人仗著劉邦的寵愛，直接跟正房大老婆呂后槓上，要求劉邦立自己兒子為太子，取代呂后的兒子太子劉盈。劉邦一度心動，但在眾多大臣的勸阻下，最終只好作罷，但卻也為戚夫人埋下殺機。

劉邦駕崩後，呂后掌權，馬上叫人挖去戚夫人的雙眼、戳聾她的耳朵、弄啞她的聲帶，再將她雙手、雙腳砍斷，然後丟進茅廁裡。特別吩咐手下，要像養豬一樣，定點定時餵食，所以稱呼為「人彘」。

文帝登基時，戚夫人的可怕故事還歷歷在目，血腥氣味依稀猶存，如果文帝執意寵幸慎夫人，繼續讓她和皇后平起平坐，那麼等到他駕崩之後，他心愛的慎夫人，就會變成「人彘」，被丟到廁所餵食。這也就是為什麼文帝要緊張，慎夫人要獎賞袁盎的原因。

由於宋朝長年面對北方異族的威脅，為了強調中原的文化正統，宋人特別關注禮教倫理，於是慎夫人的故事，就被畫成《卻坐圖》。

「卻」是退的意思，我們常說的卻步，即是退步、裹足不前。「卻坐」係指袁盎拉退慎夫人坐席的意思。

宋人《卻坐圖》，右方中間為文帝，右下角為皇后，皆採椅子坐姿。
（圖片來源：故宮典藏資料檢索）

然而此時宋朝已經全面改用椅子，宋人看到《史記》中「袁盎引卻慎夫人坐」（袁盎拉退慎夫人坐席），宋人直覺反應「坐」即是椅子，所以就把皇帝、皇后通通安排坐在椅子上，生氣的慎夫人則是站著不肯坐。

宋人距離跪坐的唐朝文化，也不過百餘年間，已經無法分辨「跪坐之坐」與「椅子之坐」的差異，更何況是千年後的我們？好在日本大量地保留唐朝文化，我們才能一窺古代跪坐的文化奧祕。

那麼我們不禁好奇，是什麼因素導致中國的跪坐文化消失，而卻又完整地保留在日本呢？

戶外的胡床

根據《後漢書》的記載，引發「黃巾之亂」的那位東漢靈帝，他特別喜歡西域來的文化，舉凡「胡服、胡帳、胡床、胡坐、胡飯、胡空侯、胡笛、胡舞」，通通都愛，特別注意「胡床」這樣東西。

儘管目前考古學家還沒有發現胡床的實物，但依據文獻資料、出土壁畫，可知當時的胡床是一種小型、可以合攏的凳子，相當於現在的摺凳（椅），這種坐具的歷史悠久，可溯源至公元前一千五百年的埃及。

胡床傳至中國的途徑，今已難查考，大約是從北非經過中亞，隨佛教東傳一併來到中原的，至唐代以后才逐漸普及開來，最後慢慢演變為我們熟悉的椅子。但由於胡床（摺椅）的支腳設計，加上人體的重量，會對室內的席墊造成破壞，因此胡床僅僅作為室外休憩時使用，室內仍然是以席墊的跪坐文化為主。

杜甫詩云：「滿歲如松碧，同時待菊黃。幾回沾葉露，乘月坐胡床。」在涼爽夏天的夜裡，趁著沁涼的月色，一邊欣賞美麗的夜景，一邊坐在胡床上乘涼，多麼愜意的生活啊！原來杜甫不僅會憂國憂民，他更是一位露營情趣達人；而從「幾回沾葉露」（好幾次沾到樹葉上的露水），可確定我們杜甫的胡床，是在戶外使用的。

講到了杜甫的床，你大概也會想到李白最有名的這首《靜夜思》：

床前明月光，疑是地上霜，舉頭望明月，低頭思故鄉。

這首詩美歸美，但歷來在翻譯上存在不小的問題。月光是灑在床上？還是地上？「舉頭望明月」是走出戶外望？還是在室內仰望？其實若將「床」解釋為「胡床」，自然迎刃而解。

李白或許是聽聞「露營情趣達人」杜甫的貼文介紹，選了一天涼爽的月夜，拿著胡床（摺椅），來到了庭院，愜意地坐著，欣賞當下美美的月景。此時月光撒落在胡床前的地上，滿滿的光亮，宛如霜雪一般。李白好奇抬頭望天上皎潔的明月，忽然間，他想起了遠方的故鄉、千里之外的親友們。

原來李白的床，就是摺椅胡床，只不過這樣的摺椅，在跪坐文化還盛行的唐代，僅僅限於戶外使用。唐朝滅亡後，大約經過百年的演變，到了宋代，原本僅能在室外的胡床（摺椅），突然間走進了室內，變成家具的一部分，席墊消失了，跪坐也消失了，雕像神明通通坐上了椅子，這究竟是怎麼一回事？

商業用椅

根據出土文物判斷，唐代的器皿與宋代的器皿有其明顯的差異。唐人因採取跪坐姿態，食物置於矮几上，為了取用方便，使用高型的飲食器具。

到了宋代，人們坐上了椅子，飲食亦放置於高桌上。由於身體與食物的距離變近，高型的器具就變成低矮型的器具，已經接近當代的模式。

從跪坐到椅子，身體的位置及人的視線都不一樣了，窗戶、屏風與屋頂的高低也隨之改變，甚至人的心理狀態也受到影響。這種由低向高發展的趨勢，涉及的層面極廣。有些學者甚至認為中國的這次「室內革命」的規模，足以媲美十九世紀工業革命所帶來的影響。

那麼究竟是什麼原因，讓流行千年以上的跪坐文化，在短短百年間，徹底消失在中國呢？事實上，中國歷史上亦曾出現大規模文化改造的事件。

西元前一〇四六年，周武王十一年，周人在牧野之戰中，成功擊敗殷商，紂王自殺，商朝滅亡，周朝建立。儘管商朝滅亡了，但是挾帶著先進甲骨文系統的殷商文明，仍具有龐大的影響力，為了拉攏殷商舊族，周人採取了溫和漸近的方式，先接納殷禮，同時也逐步改革殷禮。

周朝允許歸降的商人繼續採用殉葬制，但對周人自身卻是嚴格禁絕殉葬陋習；周朝容許商人保有飲酒狂歡的宗教儀式，卻對周人自己頒布嚴格的禁酒令。等到周朝文明日益壯大之際，再廢棄周殷雙軌制度，最後徹底取代商朝文化。

從出土的青銅器中，不難看到這樣改變的痕跡。

西周初年延續殷商文化風格的「酒器」，在西周中期開始幾乎完全消失，象徵商朝猙獰神祕的饕餮紋，也被排除於正式的禮制之外，取而代之的是渾厚樸實「鼎器」，中國從此進入到「鼎」的時代。

儒家典籍所傳頌的周公「制禮

帶有神祕宗教詭異風格的商朝饕餮紋飾。
（圖片來源：維基公領域）

作樂」，其實只是周朝禮制改革的理想投射。類似的情況也發生在唐宋之際。

總面積八十四平方公里，是明清北京城的一．四倍，古羅馬城的五倍，更是拜占庭君士坦丁堡的七倍，全盛時期人口高達一百五十萬，外國人口占三分之一以上，堪稱世界第一超級大都會。這是東亞中國最亮麗的璀璨明珠，大唐首都——長安城。然而這座代表大唐風流的美麗城市，在歷經安史、黃巢兩大動亂的屠戮摧殘下，早已殘破不堪，淪為歷史廢墟。

唐朝滅亡後，後梁在長安東方約六百公里處的開封建立首都，在後晉、後漢、後周再加上北宋的接力經營下，開封汴京已是人口超過百萬，富華甲天下，足以媲美唐朝長安城的國際大都市。

由於唐代重視儒家的經學傳統，長安城的建立，即是按照儒家典籍《周禮》的城市布局：以貫通全城的大街為中軸，左右對稱，城內居住區像棋盤一樣切割成一個個小方格，形成所謂的里坊制。這樣的里坊制方便皇權進行有效管理，因此長安城的商業活動僅限於白天，日落敲鼓後，隨即執行宵禁，「六街鼓絕行人歇，九衢茫茫空有月」，便是當時夜間宵禁街衢景象的寫照。

後梁朱溫滅唐後，在東方營建新都——開封。由於朱溫是草莽無賴出身，完全不吃儒家《周禮》那套，他揚棄唐朝長安城的里坊制，改以適合商業發展的街區模式建立新都。

北宋接手開封後，進一步廢除唐朝「宵禁」，商業活動允許從白天延續至晚上，民間活力獲得解放，於是熱鬧的夜市出現了。此外，由於商業活動的繁榮，北宋也開始出現類似看電影、舞台劇的娛樂場所——「瓦舍」。「瓦舍」劇場表演，如同電影欣賞般，站立確實不方便，於是唐朝詩人流行的胡床（摺椅）就派上用場。當然，劇場表演也會劃分「頭等艙區」和廉價的經濟區，經濟區可以使用粗糙的摺椅；但是頭等艙區可得使用舒適設計的坐椅，才能滿足那挑剔的富人。

儘管「周禮」等儒家典籍規定，要「跪坐」在席墊上才符合禮制，但是人的身體是誠實的，既然有舒適的椅子，幹嘛還要跪在地上呢？如此一來，可以在「室內舒適使用椅子」的概念，也逐漸在富人階級中流行。

北宋畫家張擇端描繪首都汴京的《清明上河圖》，其中店家出現了許多高腳的板凳坐椅，說明椅子的概念，正隨著繁榮商業的發展，逐步改變盛行千年的跪坐文化。不過如同周朝經過上百年的醞釀，才能逐步剔除商朝文化；北宋時期的椅子，仍僅限於商業活動以及貴族之間流行，真正的歷史變革，也等到宋朝南渡之後，才宣告完成。

室內的椅子

北宋立國之初，北方燕雲十六州為遼國所占領，為了維繫和平，宋人必須屈辱地向遼國納貢，這是代表中原的漢文化最羞辱的時刻。為了宣洩自卑的情感，北宋知識分子矛頭指向唐朝。

唐朝之所以滅亡，都是因為道德淪喪、三綱不正。唐朝因為沒有道德文化而滅亡，正是昭示著同屬沒有道德文化的夷狄胡人，也會遭受滅亡的歷史命運。[註]

然而北宋那座曾經媲美、甚至超越唐朝長安城的「東都汴京」，在靖康之難後，卻遭到野蠻的金國大肆破壞。南宋初年，范成大出使金朝，經過汴京城時，看到「新城內大抵皆墟，

註：有關宋人對於唐朝的批判，請參閱〈《山海經》、《長恨歌》遇見日本泡湯〉的說明。

四望時見樓閣崢嶸，皆舊宮觀寺宇，無不頹毀」，不禁感慨萬千、疾首痛心，何以「進步的文明」總是無法抵抗「落後的野蠻」？

心碎的南宋人，在臨安（杭州）幾乎復刻了北宋的汴京城，甚至比汴京城更為繁榮進步。臨安城水系發達，除了西湖、京杭大運河和錢塘江，還有三條護城河，是陸運與水路的中心，全盛時期人口高達一百二十四萬，當時義大利威尼斯僅十萬人。如此繁榮的景象，在在向北方的胡人宣示：我們南方的漢人，才是真正的文明中心。

南宋人延續批判唐朝的論調，正是這群沒有道德文化的胡人，毀滅了我們美麗的汴京城；然而除了岳飛曇花一現的勝利外，南宋人確實也沒有能力對抗金國。於是在卑微的政治現實中，南宋人萌發出「站起來」的文化衝動。北宋時期尚未完成的桌椅變革，在南宋人潛意識推動下，於焉完成。

如果說北宋仍是處於「跪坐」與「高椅坐」的徘徊階段；那麼南宋時期，從跪坐中「站起來」的「高椅坐」起居方式，開始完成定型。換言之，高腳桌椅走進民間室內，而那存在千年以上的跪坐榻席，也正式成為過往的歷史。

有趣的是，面對這樣的千古未曾有之大變局，南宋文人、士大夫卻也熱衷於修訂各種民間的禮儀規範，共同見證參與這偉大的歷史時刻。舉例來說，朱子《家禮》規定：

具祭器。床、席、倚、卓、盥盆、火爐、酒食之器，隨其合用之數，皆具貯於庫中封鎖之，不得它用。

大意是說：祭祀的禮器有其神聖性，平時必須鎖在庫房裡，要祭祀時，才拿出來使用。特別注意到，「椅」被寫進了朱子《家禮》的祭祀禮器，正可說明椅子已經不限於商業娛樂，而是成為庶民生活的一部分。

南宋全面使用高腳桌椅，揚棄跪坐榻席，等到蒙古統一全國後，高腳桌椅再由南方傳回北方，成為全中國的流行文化。明朝以後，已經不知跪坐為何物，自然有「男兒膝下有黃金」之說。中國全面揚棄傳承千年以上的跪坐文化，雖說是歷史的偶然，但亦有其必然的關鍵因素。

首先是唐宋之間的動亂屠戮，大大削弱重視禮制傳承的士族集團；而經過五代朱溫改造的北宋汴京城，也擺脫了周禮的都市格局限制：街區的發達，帶動經濟發達，促使了庶民階級興起。

這群庶民階級，就如同草莽出身的朱溫般，沒有士族集團的禮制包袱，很快就接受高腳舒適的坐椅使用。到了南宋之際，在極欲「站起來」的潛意識推動下，士大夫也加入參與這場千年未有的大變革：朱子《家禮》的修訂，代表傳承千年《周禮》的跪拜系統正式畫上句點，也宣告著新時代的來臨。

中國廢除了千年跪拜文化，那日本呢？

從日本中古時期的繪畫中可知，日本僧人曾把一些椅子從中國帶回日本。儘管日本亦曾經歷戰國時代的動盪破壞，但是京都（平安京），仍可維持其千年以來的文化首都地位；由此可知，日本的時代動盪，並未發生像中國唐宋之際的遷都變革，亦未發生「廢除跪坐文化」的激烈轉變。換言之，「跪坐文化」始終是日本的文明主體，椅子在日本僅僅是點綴，並未形成流行。即使在近代西方的影響下，日本開始大量地引進、生產椅子，但是典型的日本家庭，仍然以榻榻米的跪姿為主。如此一來，在中國中斷的唐朝文化，才得以在日本獲得延續。

參考資料

中研院史語所「小學堂甲骨文資料庫」。
許進雄：《文字學家的甲骨學研究室：了解甲骨文不能不學的十三堂必修課》，台灣商務印書館，二〇二〇年。
曹桂岑：〈河南鄲城漢石榻〉，《考古》，一九六五年第五期。
山西省文物工作委員會：〈山西大同石家寨北魏司馬金龍墓〉，《文物》，一九七二年第三期。
黃銘崇：〈從考古發現看西周墓葬的「分器」現象與西周時代禮器制度的類型與階段〉，《中央研究院歷史語言研究所集刊》，第八十四本第一分，二〇一三年三月。
柯嘉豪：〈椅子與佛教流傳的關係〉，《中央研究院歷史語言研究所集刊》，第六十九本第四分，一九九八年十二月。
李旺：〈坐具與宋代社會生活研究〉，《湖南科技大學碩士論文》，二〇二三年五月。

從《桃花源記》看京都稻荷神社

引子

成千上百的朱紅鳥居構成了一條通往神祕的奇幻隧道。經過無數風雨洗禮，褪了色的朱紅，加上新抹上的亮紅，大大小小，密密麻麻，蜿蜒而上。陽光打在紅色上，沿著隧道，傾瀉而下，你聽見那紅色撒在地上的聲響嗎？

鏡頭移往電影《藝妓回憶錄》。可愛小千代奔跑在鳥居隧道的電影場景，一片片的朱紅亮麗，彷彿是無數可愛卡通禮兵，整齊一致的向小千代揮手敬禮，你看得到那紅色的感動嗎？

聽得見、看得見的感動，那就是京都伏見——稻荷大社。

日本有句俗諺「病弘法、欲稻荷」，意思是生了病就去祈求弘法大師（空海大師）；想要生意興隆就到稻荷神社祈願。對關西的大阪商人而言，稻荷神社是最親切、也最值得信賴的神明。而對我們台灣人來說，稻荷大社則是我們去京都遊玩時必定參訪的景點。

既然稻荷神社如此美麗，如此感動，您知道她的前世今生嗎？

原來稻荷神社是由京都伏見地區土豪「秦公」所興建完成；京都早期的開發，都看得到秦公的身影。秦公？好中國的稱呼，他是中國人嗎？和國文課本《桃花源記》中「先世避秦時亂」的那個「秦」有關係嗎？

有趣的是，京都有一個「太秦」區，裡頭有「太秦車站」（太秦駅），車站東側步行約十五分鐘，就可抵達「大酒神社」。根據神社公開資料的說明，神社的祭祀神明就是「秦始皇」。

在日本古老的京都，有秦公、有太秦，居然還祭拜秦始皇，這究竟怎麼一回事呢？京都跟「秦」有關嗎？

如夢似幻的稻荷神社千本鳥居，彷彿是異世界的進入口，她是秦朝人建造的嗎？
（圖片來源：photo AC）

壹、桃花源的渴望

陶淵明寫了一首歌頌理想國度的《桃花源詩》，在詩的開頭寫了一篇短文序，這篇短文就是著名的《桃花源記》，記述一個漁人無意間探尋美好世界的奇妙經歷。

《桃花源記》的故事和其他仙境故事，皆是描寫了一個理想國度的世外仙界。不過陶淵明所提供的理想模式卻有其特殊之處：

那裡沒有眼花撩亂的金銀財寶，也沒有得道成仙的長生不老，只有「良田、美池、桑竹之屬」等等素樸的農耕景象；他們不是神仙，只是一群避難的人，通過自己的勞動，感受他們簡單又奢華的和平、寧靜、幸福。

這樣寫作內容與陶淵明多年勞動躬耕的生活體驗有關，不過卻也深刻地反映廣大人民對於和平、幸福的渴望追求。

痛苦的世界

綜觀陶淵明的一生，正值南北朝的混亂之際：外族入侵、軍閥混戰、篡權奪位，種種的政局亂象頻頻發生；戰爭帶來的農地廢耕、糧食短缺、飢荒天災，人口銳減，民不聊生，讓百姓苦不堪言。然而此時的朝廷，非但沒有體恤廣大的苦痛人民，反而是更加橫征暴斂，剝削脂膏，將底層百姓僅存的剩餘價值，徹底壓榨殆盡。

為了活下去，除了造反起義外，絕大多數的善良百姓只能選擇逃亡，期盼未知的前方，乃是「有良田、美池、桑竹之屬」幸福美好的理想世界。

史書上記載，當西晉王朝被匈奴攻滅之際，數以萬計的百姓逃往南方的江州之地：

> 自江陵至于建康三千餘里，流人萬計，布在江州。
>
> ——《晉書．劉胤傳》

好不容易遠離了北方的戰火，南方續命的東晉王朝卻又迅速地走到了盡頭，歷史巨輪艱苦地推滾動到南朝之宋，迎接百姓的依舊是永無寧日的苦不堪言：

宋民賦役嚴苦，貧者不復堪命，多逃入蠻荒。

——《宋書．蠻夷傳》

這些記載真實地反映南方晉宋交替之際，嚴酷賦役和連年戰火導致廣大百姓連基本生存要求都難以滿足。

寧願在沒有王法的蠻荒之地，也不願重回剝削殘暴的文明之境：於是才有了「率妻子邑人來此絕境，不復出焉，遂與外人間隔。問今是何世，乃不知有漢，無論魏、晉」，種種虛幻卻又真實渴望的描述。世俗自豪的歷史演進，在武陵人眼裡，正是醜陋殘酷的痛苦來源。這雖然是陶淵明虛構的陳述，但也是對現實世界沉痛的控訴。

有趣的是，陶淵明刻意提及了三個武陵人遺忘的時代區間，「不知有漢，無論魏、晉」，但是有一個朝代，卻深深烙印在這群桃花源住民的心中，這就是秦朝。

秦朝是中國歷史上第一個統一的王朝，但也中國歷史上，殘酷暴政的代名詞：焚書坑儒、嚴刑峻罰、指鹿為馬等等，不一而足。

桃花源是陶淵明建構逃避亂世的理想國度，卻也化用華夏民族的共同記憶——「先世避秦時亂」。於是在這虛無縹緲的落英繽紛中，武陵人開始有了歷史座標，我們都是逃避那場驚天動地的秦朝大亂，帶著殘缺的心靈陰影，來到和煦陽光的桃源之境。

《桃花源詩》中，這樣的歷史印記會更清楚：

嬴氏亂天紀，賢者避其世。黃綺之商山，伊人亦云逝。

整句的大意是：**秦王暴政亂綱紀，賢士紛紛遠躲避。四皓隱居在商山，我們先祖也隱匿來此地。**

這裡陶淵明用了幾個典故，我們簡單說明：秦朝國君姓嬴，嬴氏借指為秦王；而秦末有四位隱士：東園公、夏黃公、綺里季、用（ㄌㄨˋ）里，因避秦亂世而隱居商山，世稱為商山四皓，黃綺就是四皓的簡稱。伊人則指稱為桃花源祖先。

「因為秦朝暴虐，造成歷史文化的記憶殘缺，所以人們必須逃往桃源理想世界，才能完成心靈的救贖」，從桃花源記到桃花源詩，可以發現這樣的救贖路線非常清楚。

事實上，桃花源反映的並不只是心靈世界的理想渴望，而是真實存在的歷史事件。

西元前二二一年，秦國通過統一戰爭，相繼消滅了東方六國，建立了第一個中原王朝——秦朝。此時秦王繼續派遣五十萬秦軍，進攻中原南方，今福建、廣東一帶的百越南蠻地區，設立了南海、桂林、象三郡；西元前二一〇年，秦始皇病逝，秦二世即位。陳勝、吳廣相繼起義，項羽、劉邦也紛紛反秦，中原陷入了一片混亂狀態。此時南方秦將趙佗，派軍守備南北交界關口，防止中原的起義軍進犯，最後宣布獨立，建立南越王國。

南越王國國祚長達九十餘年，一直到漢武帝朝才歸降臣服。

南越國的存在，確保了秦末亂世，南方百越地區的秩序穩定，使嶺南之地免遭戰亂波及；而原本屬於秦朝中原的統治者，帶來了北方發達的郡縣制度和先進的農業、手工業生產技術，

秦朝的強大與暴虐，使其成為後人「逃避亂世」的共同記憶，圖為陝西出土秦王兵馬俑，靜靜訴說那所向披靡的輝煌戰績。
（圖片來源：Pexels）

使南方落後於中原的政治、經濟現狀得到了有效的改善。

有趣的是，南越國因為躲避秦國的暴政動亂而建立，卻也因為秦國文明與技術的傳入，才顯得蓬勃發展。不正是《桃花源記》（詩）中「男女衣著，悉如外人」、「俎豆猶古法，衣裳無新制」（祭祀仍遵古禮法，衣裳沒有新款式）的文明描述嗎？換言之，桃花源雖然在落英繽紛中的縹緲虛無間，但並未真正與世隔絕，而是帶著外界的文明技術，繼續延續「有良田、美池、桑竹之屬」的世俗生活。

一九八三年六月，廣東省政府為了建設公寓將一處山崗削低了十七米，竟意外發現西漢南越國第二代王趙眛之墓，出土了大量精美的漆器。

所謂的漆器，乃是藉由漆樹採集來的漆液，加以調色後，形成具有彩繪的功能的特殊塗料，是中國瓷器興起前，高貴奢華的貴族工藝。由於漆面能夠呈現明亮的色彩與溫潤亮麗的質感，硬度強、耐酸鹼、耐磨、耐潮濕、耐高溫，可以塗在任何物體表面上，彷彿貼了一層永不脫落的保護膜，除了實用美觀之外，更獨立發展出獨樹一格的漆繪藝術。

廣東嶺南地區，地處邊陲，瘴癘橫行，中原文明自古以來，皆視其為罪臣流放地，唐朝的韓愈、宋朝的蘇東坡，都曾來過這偏遠的南境。然而令人驚艷的是，這樣的化外之地，兩千年前就已存在媲美中原文明的漆繪工藝，甚至連金片貼花、瑪瑙琉璃鑲嵌，也大量使用在漆器裝飾上。不僅如此，南越王墓更是出土一件「絲縷玉衣」，玉衣整件全長一．七三公尺，使用二千二百九十一片玉塊綴繫而成，是中國迄今發現，唯一一件用絲線連接的玉衣。

從漆器到絲縷玉衣，不難看出，在遙遠的南越王國，儘管是「先世避秦時亂」，但是從中原而來的文明技術，

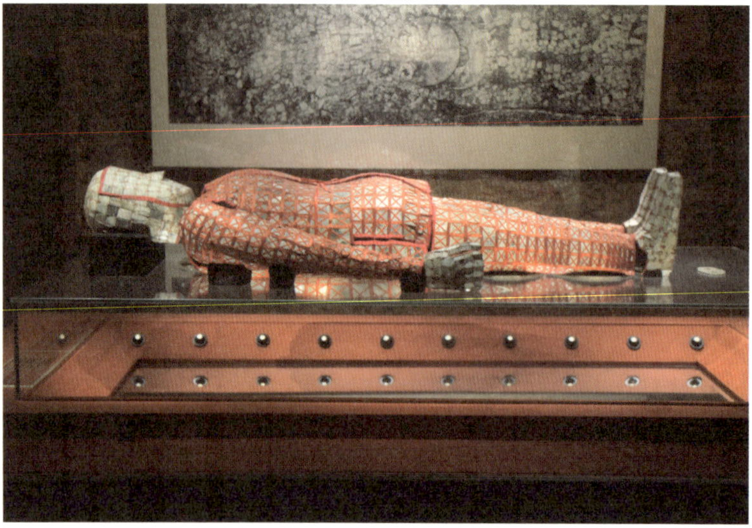

廣州南越文王墓出土的絲縷玉衣，見證這蠻荒之境的不凡工藝。
（圖片來源：維基公領域）

早已將這蠻荒之境，改造成為令人嚮往富足的武陵桃源。神祕的傳說卻是真實的夢境，南越文明沉睡了兩千年後，「奇蹤隱五百，一朝敞神界」，讓世人重新見證她的驚艷。

不過理想的桃花源總是會被文明給玷汙，一旦被發現，隨即消失無跡，「迷不復得路」。還好當地政府破解了這段詛咒密碼，即刻在原址興建了「南越王博物館」，讓大量的出土文物，靜靜地在櫥窗中，娓娓道出那段輝煌的歷史，讓不凡的南越傳奇，持續美麗延續。

看完了桃花源、南越王國，您是否好奇，在其他地方，是否也印記著相同的感動呢？沒錯，答案就是京都的稻荷神社。

貳、稻荷神社的美麗傳奇

京都稻荷神社年代久遠，據信已有一千三百年以上的歷史，關於它的起源，最為人所津津樂道的，就是空海法師的故事。傳說中空海法師在稻荷山區修行，遇見一位異相老翁，老翁快人快語對空海說：「我乃是修道有成的菩薩，今天和尚你有幸遇見我，真是你的福氣。」

沒想到空海法師笑著回答：空海不敢忘記和菩薩一起在佛陀靈山修行時的約定，只是現在我趕著回京都弘法密教，等到我的道場建成後，再等您大駕光臨。

弘仁十四年（八二三），嵯峨天皇將東寺下賜給空海，作為鎮護國家及真言宗的根本道場。這位稻荷山的菩薩果然攜帶兩位子女前往祝賀，最後也成為東寺的守護神之一。這位稻荷菩薩其實就是稻荷神，祂與空海大師的好交情，也開啟了「東寺」與「稻荷神社」的千年友誼。

每年伏見稻荷神社的稻荷祭，從四月二十日開始，神社會出動五輛神輿，從伏見出發，帶神明、神官，隨行的信眾，像台灣的媽祖繞境一樣，沿路繞行稻荷大神的氏子區（稻荷大神所住的地方），最後抵達東寺附近的「伏見稻荷大社御旅所」，讓神輿暫時休憩，也提供信徒參拜；到了五月三日當天，五輛神輿再從御旅所出發，準備回到伏見稻荷大社。當神輿車隊經過東寺的「慶賀門」前時，東寺的和尚們會在慶賀門外擺設五份「神供」為稻荷大神送行。

從「稻荷大神」繞境與「東寺和尚餞行」，不難看出空海大師與稻荷大神之間深厚的友誼。

不過理想總是很圓滿，現實卻是異常骨感：上述的溫馨故事，最早記載於十四世紀的《稻荷大明神流記》，但稻荷神社創建於西元七一一年，雙方實際差距超過四百年，美麗的傳說顯然是後人編繪添造的。

根據平安時代初期所編纂《日本後紀》的記載：天長四年（八二七），淳和天皇的身體狀況不佳，透過陰陽師占卜得知，因為皇家的院寺東寺，砍伐了稻荷山的樹木來建造五重塔，因此天皇受到稻荷神的詛咒懲罰。天皇在驚嚇之餘，趕緊派遣官員前往稻荷神社謝罪，並冊封當時還是秦氏私社家廟的稻荷大神「從五位下」的神階。

原來稻荷神社與東寺最早的連結，竟然是一場可怕的詛咒；還好經過千年的演變，當年的恩怨，早已蛻變成為雙方堅固的友誼。

等等，稻荷神社一開始並不是對大眾開放的神社，而是名為「秦氏」的私人家廟，這到底是怎麼一回事？為了解答這個問題，我們撇開神話傳說，看看當事人稻荷神社怎麼說。

在今日稻荷大社的內部文獻中，保留一本已經亡佚的古籍《山城國風土記》，其中述及神社創立的源頭故事：

山城國風土記曰：伊奈利社，稱伊奈利者，秦中家忌寸等遠祖伊呂具秦公，積稻粱，有富裕，乃用餅為的，化成白鳥，飛翔居山峰，伊彌奈利生，遂為社名。

大意是說，秦氏家族之遠祖伊呂具秦公，非常有錢，積存了不少稻粱。有一次，秦公將米做成的年糕釘在樹上作為靶，用弓箭向年糕射擊，在弓箭射出時，年糕化為了白鳥飛到了山頂。白鳥佇足之地長出了稻穗。於是秦公便在山上建造了神社，命名為「伊奈利」（いなり）。

不是在說稻荷神社嗎？怎麼會出現「伊奈利」這個奇怪的名字呢？原來「伊奈利」僅具表音功能，不具有漢字意義。

到淳和天皇，那位砍樹被詛咒的倒楣天皇，在天長四年正月辛巳的詔書中，才恭敬地將「伊奈利」（いなり），改為同音亦具漢字意義的「稻荷」（いなり）。

與東寺空海結緣的伏見稻荷大社，右下為其守護神「稻荷狐狸」。
（圖片來源：photo AC）

另外根據稻荷神社官網所公布的社記（神社歷史之紀錄）記載：

元明天皇和銅四年二月壬午之日（約西元七一二年），治理伏見稻荷所在的京都深草地區之長者「伊呂具秦公」奉天皇命令，於伊奈利山之三山峰開始祭祀三尊神明，該年五穀結實纍纍，得以養蠶織物，天下百姓因而享豐足之福。

大意是這位秦公是治理伏見稻荷神社所在的京都深草地區之長者，秦公奉天皇命令，在伊奈利山之三山峰開始祭祀三尊神明，該年收成豐碩，有餘裕得以養蠶織物，百姓因此受福。

連續兩篇神社的官方文件，都提及了秦公與稻荷神社的開創關係，一則是神話，一則是史實，不禁令人好奇，這位類似中國姓氏的神祕秦公究竟是誰呢？

由於秦公深受「元明天皇」的信任，我們的線索，由此開始。

伏見土豪秦氏家族

元明天皇（げんめいてんのう），在位期間為六六一—七二一年，是日本第四十三代天皇，也是奈良時代的第一位天皇，值得注意的是，她是一位女天皇喔。元明天皇巾幗不讓鬚眉，是一位雌才大略、政績豐富的天皇。

七〇八年，武藏國秩父郡進獻「和銅」（高純度自然銅礦物），天皇仿唐朝「開元通寶」鑄造「和銅開寶」銅錢，因此元明天皇改元年號「和銅」。為了進一步學習大唐文化，天皇模仿唐都長安，建平城京（今奈良市），並於七一〇年，正式遷都平城京，開創璀璨的奈良時代。

除了推行實質的農業、經濟建設外，天皇對於日本漢字文化也別具貢獻。在把首都遷到平城京（奈良）後不久的和銅六年（七一三），天皇頒布一項重要且影響至今的命令「好字二字令」。

中國的漢字自飛鳥時代已經傳入日本，但是由於文化水平的限制，日本人尚未形成自己的漢字語言系統，僅把漢字當作拼音的文字符號使用，造成了許多語言亂象。

譬如說，日本有一個漢字詞彙「武藏」讀作「むさし」（mūsashi）。它是由「武」（む／ブ，bu）和「藏」（さし／ゾウ，sashi/zō）兩個漢字組成的，綜合了武士、武藝和藏書等含義。江戶時代著名的重要武術家「宮本武藏」，以及明治以來多艘「武藏號」艦船，都是以「武藏」這一帥氣的名稱命名。

不過您可知道，最早的時候，「武藏」的原始漢字表達竟然寫成「無邪志」或者「牟射志」，看到這樣的彆扭的漢字，「宮本武藏」應該會氣到跳腳，而那火力強大的軍艦應該也會驚訝到拋錨解體。

由於拼音漢字的使用過於粗糙，沒有文化美感，於是元明天皇模仿大唐洛陽、長安二字地名的模式，下令要求：「凡諸國部內郡里等名，並用二字，必取嘉名」，這就是元明天皇「好字二字令」的劃時代意義。現今我們去日本旅行：京都、大阪、神戶、淺草等等耳熟能詳又帶有美感的優美二字地名，就是在元明天皇發布這道有遠見的文化命令下逐步完成。

講了這麼多，這位英明的元明天皇，在奈良王朝的廷座上，是如何與地方上的稻荷秦公產生聯繫呢？

奈良朝守護神

從地理位置上看，秦公是京都南方伏見地區的土豪，元明天皇遷都平城京之後，距離平城京北方四十公里處的伏見地區，成為戍守京城的重要隘口。

元明天皇以女性之姿登頂大位，為了防止地方氏族謀逆，拉攏伏見土豪秦公，使其成為京城北方的重要屏障，成為元明天皇遷都奈良後的當務之急。七一〇年（和銅三年），元明天皇遷都奈良平城京，隔年七一一年（和銅四年）隨即任命秦公在伊奈利山之三山峰開始祭祀三尊神明，此即為稻荷神社。

如果您熟悉台灣的宮廟文化，那麼對於宮廟組織與地方勢力千絲萬縷的糾結，肯定不陌生。相同的情況也發生在稻荷神社。

稻荷神社是地方土豪秦公所建立的，秦氏家族依照己身的經濟特性，將稻荷神社規畫為農業、商業的複合型神明祭祀，形成當地最重要的神社信仰，秦公本人當然就是掌管最大權力的神社廟公，而這樣的宗教經濟地位是由天皇所認可，更是賦予其法理的正當性，秦公儼然成為伏見地區的實質統治者。

秦公既然接受天皇的拉攏，也善意回應天皇「好字二字令」，將聱牙難唸的「伊彌奈利生」，改為同音又深具文化美感的「稻荷」二字，成為奈良平城京北方最堅強的屏障支柱。有了天皇的加持，加上稻荷神社的信仰凝聚，還有秦氏家族本身所擁有的財力，經過奈良朝兩百多年的發展，稻荷秦氏已經是雄霸一方、富可敵國的龐大地方勢力。

元明天皇：不僅是一位女天皇，更是日本奈良時代的開創者，她推行的「好字二字令」，讓現今日本擁有美麗的漢字地名。
（圖片來源：維基公領域）

稻荷秦氏在京都早期開發歷史上扮演重要的角色，現存京都最古老的廣隆寺，其創始者秦河勝，正是出身秦氏家族；換言之，秦氏是京都盆地的土豪原住民，後來桓武天皇這位外來政權想在此奠都，那肯定要來稻荷秦氏拜拜碼頭。

平安朝大金主

西元七九四年，為了逃避奈良的佛教勢力以及早良親王的可怕怨靈，桓武天皇倉皇遷都平安京（京都）。一切來得那麼突然，寧靜的平安京也倉皇迎來這位落難天皇，初期的京城建設可說是百廢待舉，桓武天武缺錢、缺人，更缺地，怎麼辦呢？別著急，來稻荷秦氏拜碼頭吧！

形勢比人強，謙卑的天皇，特地將稻荷地區賜名為「山城國」。在律令時代的「國」，相當於中國的「省」級行政單位，一個小小的宮廟組織，居然搖身一變，成為省長級的國家人物。從此以後，平安王朝的建設，隨處看得到稻荷秦氏的積極身影。稻荷秦氏，參與了平安京的建立。

時間來到淳和天皇，作為平安京護國神寺——東寺，砍伐了稻荷山的樹木興建五重塔，天皇卻碰巧在這個時候生病。注意喔，此時的稻荷神社可是「喊水會結凍」的豪族宮廟勢力，朝廷陰陽師為了提供天皇生病的有利解釋，直接聯想到東寺砍伐稻荷山因而遭到報應的邏輯。

由於京都平安朝，是一個充滿怨靈詛咒的詭異世界，天皇遭神靈作祟，早已是見怪不怪，根本不是新聞。於是這位倒楣的天皇，就被冠上冒犯、褻瀆神明的罪名，成為首位被稻荷神明處罰的天皇；而驚恐的天皇也只能認罪，誠惶誠恐地派遣使者至稻荷神社謝罪，並帶上加冕「神階」的賠禮。

事實上「淳和天皇」冒犯神明事件疑點甚多：首先東寺砍伐稻荷山並非天皇的主意，此時東寺已經是空海法師的道場，冤有頭、債有主，理應由主持東寺的空海承擔責任，但是陰陽師卻將矛頭指向無辜的天皇。這樣的操作不禁令人想起，在中國的宮廷鬥爭中，占星史官被野心家買通，偽造星象紀錄，強逼皇上下詔罪己，最後再迫使宰相自殺。

因此平安朝的陰陽家極有可能被勢力龐大的稻荷權力集團買通，利用天皇生病的機會，提出冒犯神明的有利解釋，藉此建立稻荷大神的絕對權威，確保稻荷神社的獨尊地位。有趣的是，在這場烏龍懲處事件中，本應擔責的空海卻成為最大的贏家。在日後空海信眾的操作下，本應是東寺冒犯稻荷的褻瀆連結，卻成為空海與稻荷之間的美麗情誼，傳頌千年，瓣香不斷。

歷史巨輪再繼續向前推進：經歷兩個日本王朝，奈良城消失了，平安京也將歷史光環讓位給江戶東京，但是稻荷神社卻依然屹立不搖，千百年來，如同那感動的紅色鳥居，仍然展現祂雄霸一方的溫柔魅力：

祂不僅是全日本三萬餘家稻荷神社的總本宮，也是少數堅持免費參拜的佛心神社，開放時間為全天

台南林百貨頂樓神社鳥居遺跡。
（圖片來源：維基公領域，作者Pbdragonwang）

二十四小時，每年參拜人數高達二百七十萬人，是關西地區參拜人數最多、最受歡迎的神社。

鏡頭來到台灣，熙來攘往的台北西門町紅樓八角堂旁，曾經座落著一間小小的神社，沒錯，這就是日本人在一九一一年建造的台北稻荷神社。而在日本殖民時期，台灣第二家百貨公司——台南地標「林百貨」，其樓頂陽台亦設有小型的稻荷神社，這就是稻荷神社的魅力。

是稻荷秦氏，讓兩任王朝的天皇都在此謙卑折腰；是稻荷秦氏，促成了神社的發展，成為日本數量最多的神社本宮，那麼秦氏究竟是什麼樣的來頭？他是中國人嗎？他憑什麼有這麼大的能耐？

桃花源的歷史印記

成書約於唐朝開元之際的《日本書紀》，是日本留傳至今最早的正史，其中第十九卷開篇，記載了欽明天皇（約五三一—五七一年）即位的故事：

> 天皇幼時，夢有人云：天皇寵愛秦大津父者，及壯大，必有天下。寐驚遣使普求，

得自山背國紀伊郡深草里，姓字果如所夢……乃令近侍，優寵日新，大致饒富。及至踐祚，拜大藏省。

這段文字大意是說，天皇年幼的時候，曾經夢見有人對他說：只要好好地對待一個叫做「秦大津父」的人，等到您長大之後，一定可以幫助您取得天下。

小天皇夢醒後，趕快派人去尋找，果然在「山背國紀伊郡深草里」找到一位姓名一樣的人。小天皇寵幸他，幫助他累積大量的財富，等到天皇即位後，任命他掌管大藏省（財政機關）。值得注意的是，這位「秦大津父」所居住的「山背國紀伊郡深草里」，就是現在的伏見稻荷地區。

技術移民

《日本書紀》亦稱呼「秦大津父」氏族為秦人，並將他們編入日本戶籍。由此可知這群秦人是外來移民。事實上，比上述欽明天皇更早的雄略天皇（約四一八—四七九年），《日本書紀》也記載了天皇與他們的互動：

詔聚秦民，賜於秦酒公。公仍領率百八十種勝部，奉獻庸調御調也。

大意是說：秦酒公是秦氏家族裡最有名的人物，雄略天皇把各地秦人交給他管理，秦酒公把中國「租庸調」（徭役稅制）引進了日本。

值得一提的是，古代日本稱呼漢人移民集團的領袖為「村主」，但是秦人移民集團的首領為「勝部」。可見得日本人是將秦人與一般漢人移民獨立出來，秦人的地位顯然高過於漢人。「勝部」，日語讀作「カチベ」（kachibe），而在古日語中「徒」訓讀為「カチ」（kachi），換言之，「勝部」、「徒部」古日語發音接近，「徒部」應是日本秦人首領的原始稱呼。「徒部」秦人是否是當年逃避秦朝苛役，遷徙朝鮮半島的「刑徒」後裔呢？

弘仁六年（八一五）嵯峨天皇敕令，模仿唐朝《氏族志》編纂日本古代氏族譜系一書——《新撰姓氏录》，其中有關秦氏家族的姓氏來源：

太秦公宿禰，出自秦始皇帝三世孫孝武王也……即使養蠶織絹貢之。天皇詔曰：

「秦王所獻絲綿絹布，朕服用柔然，溫煖如肌膚，仍賜姓波多。」

大意是說：太秦公這系首領，是秦始皇帝三世孫孝武王（子嬰）的後代，他們擅長養蠶織絹，進貢的絲綿絹布，天皇非常滿意，於是賜姓波多。

這裡可以看出幾個重要訊息，從雄略天皇開始至嵯峨天皇之際，秦人集團擅長經商，掌握絲綿絹布技術，受到朝廷禮遇長達四百年以上；而秦人屬於眾多漢人移民的一支，為了與其他漢人移民競爭，秦人試圖通過將秦始皇和秦氏祖先聯繫起來，以誇示秦氏族源尊貴。

現今京都太秦區祭祀秦始皇的「大酒神社」，就是當年這批秦氏移民的特殊文化印記。

而秦人長期居住在東瀛異地，天皇政府對其強大的經濟實力亦感不安，於是透過賜姓的模式，希望淡化「秦人」，此中國意味濃厚的文化印記，而改以日本姓「波多」加以替代。

二〇一五年三月，時任台北市市長柯文哲，要求台北悠遊卡公司提升悠遊卡的交易金額，悠遊卡公司為了刺激消費，發行以日本AV女優「波多野結衣」為封面的悠遊卡，引起軒然大波，媒體戲稱為「波卡事件」。有趣的是，「波卡事件」的女主角「波多野結衣」，其「日本

日本AV女優「波多野結衣」，其「波多」姓，正是當年秦氏太秦公的後代。
（圖片來源：維基公領域，作者Yui Hatano）

姓」為「波多」，正是當年秦氏太秦公的後代。不過經過千年的文化融合，「波多」的秦人的印記早已消失殆盡，但是透過「徒部」、「秦王子孫」的線索，我們依稀可能拼湊出，這群秦人東渡日本的文化軌跡。

遷徙路線

根據中國《三國志》載：「天下叛秦，燕、齊、趙民避地朝鮮數萬口。」由於燕、齊、趙三國位置約略為今日河北、山西、山東一帶，距離朝鮮半島較近，當秦末天下大亂時，逃難的人口自然會往朝鮮移動。今日在北韓平壤大同江一帶，出土大量燕國明刀錢幣，大致印證了這條逃難路線的可行性。

不過一九七五年，在南韓全州市出土二十六件屬於吳越風格的青銅劍，卻顛覆了傳統對於秦末朝鮮半島難民遷徙路線的認知。因為吳越乃是屬於中國南方，今浙江杭州、紹興一帶，接近長江下游出海口，距離北方朝鮮半島上千公里以上，並不適用燕、齊、趙三國的逃亡路線。唯一可能的解釋是，吳越難民放棄傳統的陸路，改走海路抵達南韓。

吳越地處江南水鄉，吳越居民善於水上交通和海上活動。西元前三三四年楚威王興兵征伐越國，越人戰敗，越國王室的青銅工匠開始逃亡，其中一部分鑄劍工匠離開會稽（今紹興市）、姑蘇等吳越故地，奔向大海，最終到達了東北方大約四百公里外的南韓一帶，並在當地鑄造了銅劍。

從北韓平壤出土的燕國青銅貨幣，到南韓全州市出土吳越風格的青銅寶劍，可知整個朝鮮半島皆是古代中國發生動亂時，難民的集散收容中心。然而隨著朝鮮北方高句麗王國向南擴張，這批中國難民再次向南，過對馬海峽，抵達今日本九州北部福岡，最後再沿著瀨戶內海，輾轉來到了京都伏見地區。

有趣的是，這批為了躲避戰火、遠離家鄉，逃難

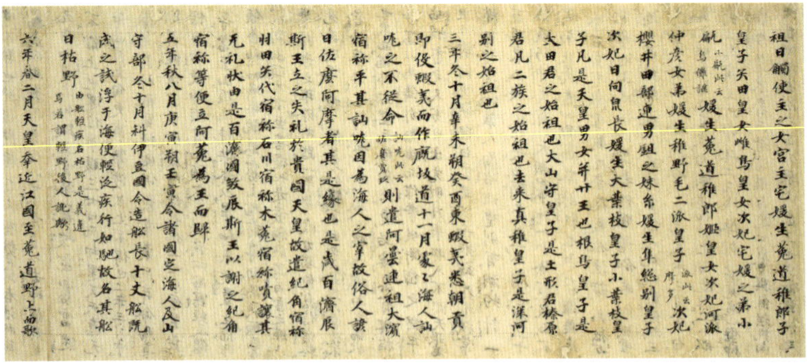
祖日觸使主之大宮主宅媛生菟道稚郎子
皇子矢田皇女雌鳥皇女次妃宅媛之弟小
甂媛（小甂此云烏儺謎）生菟道稚郎姫皇女次妃河派
仲彥女弟媛生稚野毛二派皇子（派此云摩多）次妃
櫻井田部連男鉏之妹糸媛生隼總別皇子
次妃日向泉長媛生大葉枝皇子小葉枝皇
子凡是天皇男女并廿王也根鳥皇子是
大田君之始祖也大山守皇子是土形君榛原
君凡二族之始祖也去來真稚皇子是深河
別之始祖也
三年冬十月辛未朔癸酉東蝦夷悉朝貢
即役蝦夷而作厩坂道十一月處處海人訕
哤之不從命（訕哤此云佐麼賣玖）則遣阿曇連祖大濱
宿禰平其訕哤因為海人之宰故俗人諺
曰佐麼阿摩者其是緣也是歲百濟辰
斯王立之失禮於貴國天皇故遣紀角宿禰
羽田矢代宿禰石川宿禰木菟宿禰嘖讓其
无禮狀由是百濟國殺辰斯王以謝之紀角
宿禰等便立阿花為王而歸
五年秋八月庚寅朔壬寅令諸國定海人及山
守部冬十月科伊豆國令造船長十丈船既
成之試浮于海便輕泛疾行如馳故名其船
曰枯野（由船輕疾名枯野是義違焉若謂輕野後人訛歟）
六年春二月天皇幸近江國至菟道野上而歌

以漢字文言文寫成的《日本書紀》記載許多「大秦氏族」在日本的足跡。
（圖片來源：維基公領域）

到日本的中國裔朝鮮難民，原本以為迎接他們的，依舊是命運捉弄的苦難無限，沒想到卻因為自身擁有的文明技術，搖身一變，成為含金量極高，備受日本皇室禮遇的高級技術移民。

桓武天皇仰仗稻荷秦氏開發京都平安京，稻荷秦氏正式向北進入京都盆地，並以今嵐山東側處為根據地，為了區別其他的中國移民，稻荷秦氏將此處命名為「太秦」。

太秦即「大秦」，這是中國最響叮噹的文化印記，至此「大秦」已不是原生國殘虐的「暴秦」，而是如同挾著先進技術進入廣東地區開發的南越國，京都大秦將開啟屬於他們的海外桃花源。

參考文獻

白雲翔：〈西元前一千紀後半中韓交流的考古學探究〉，《中國國家博物館館刊》，二〇一八年第四期。

程亮：〈論日本稻荷信仰的起源、傳播及其特質〉，《絲綢之路研究集刊》第八輯，社會科學文獻出版社。
中國社會科學院考古研究所編著：《西漢南越王墓》，文物出版社，一九九一年。

當甲骨文遇見棄老、風葬傳說

引子

日本是世界典型的老年國家，六十五歲以上老年人口就占了總人口比例超過四分之一；然而日本人平均壽命高達八十三歲，位居世界第一，也代表其養老制度、體系相對成熟。

日本從二〇〇〇年起實施介護保險福利制度，只要國民進入六十五歲大關，就會啟用老年照顧機制：包括購買輪椅、手杖、護理床以及聘請看護，老年人自己只需負擔百分之十的費用，其他九成的費用由政府負責。如此細微的照顧制度，讓日本成為養老的天堂，無怪乎日本的平均壽命屢屢蟬聯世界第一。

然而在日本古今文學作品中，卻經常出現「棄老」的情節。大意就是：在古代農業社會，生產力不足，為了讓其他年輕人活下去，就會產生擊殺或丟棄老人的傳統。日本人毫不避諱這樣驚悚的劇情，甚至將其拍成電影《楢山節考》，獲得一九八三年坎城影展的最佳電影獎。

何以照顧老人無微不至的日本社會，卻流傳著「棄老」的荒謬情節呢？

其實「棄老」的情節一點都不荒謬，反映了長壽老人在糧食短缺社會中尷尬的處境。事實上，早在商朝的甲骨文中，就呈現了擊殺老人具體畫面。日本的棄老傳統，居然可以溯源到中國甲骨文，這究竟是怎麼一回事呢？就讓我們回到那神祕龜甲的年代，一探究竟吧！

壹、「微」遇見日本棄老習俗

中國古代男人是蓄長髮，一般都會將頭髮束緊，而老人家則因為掉髮，所以不加束緊。如老人的「老」，甲骨文中作「」，右邊是一位頭髮鬆散的老人，左邊則是老人拄的枴杖。我們再看一個例子：孝子的「孝」，在甲骨文中並無收錄，不過在春秋時期銅器上則作「」。

有了甲骨文老人的概念，可知右上方是一位頭髮鬆散的老人，左下方則是一位孩童「子」。孩童讓年邁的老人倚靠，引申為孝順之意。

最後我們來看今天的主角——「微」。

在甲骨文中，「微」字省略了「彳」部，作「」。了解「老」、「孝」的構字原理，左邊可知是一位頭髮鬆散的老人，那右邊「」則是下方的手「」，拿著一根棍棒，形成《說文解字》中「攴」（）的部首。

在中國文字中，有「攴」的部首，多半是跟擊打相關，諸如「敲」、「寇」、「毆」等字。左邊是老人，右邊是代表擊打的「攴」，構成「」字，依現有的知識理解，就是手持棍棒擊打老人。

問題來了，為何要用棍棒敲擊老人呢？

中國棄老傳說

在敦煌新出土文獻《搜神記》中記有一則「孫元覺」的故事：

大意是說，一位「孫元覺」的少年，協助父親用「竹單架」將祖父推至山野丟棄，回家時，順手將「竹單架」帶回來。父親覺得奇怪，少年回答：「以後我就可以用擔架把父親丟棄，就不用再重做一個了。」父親聽後，深感恐懼，最終將祖父接回家中奉養。

「老」一字的字形演變。

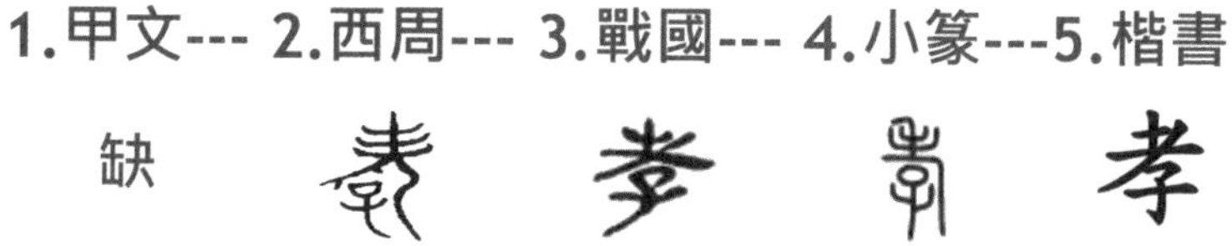

「孝」一字的字形演變。

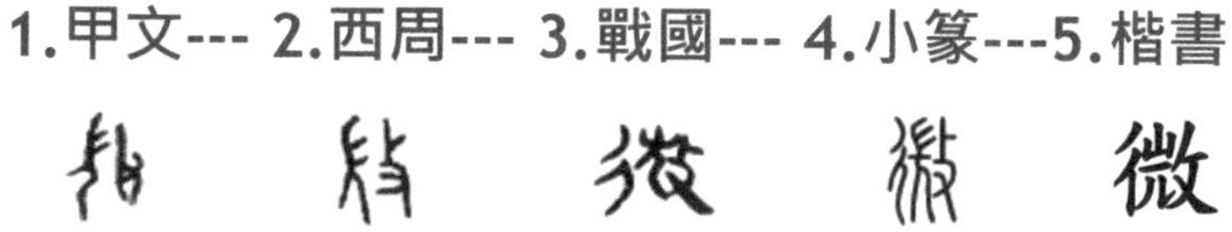

「微」一字的字形演變。

循著這樣的線索，我們在北宋年間所編成《太平御覽》中，亦發現類似的紀錄：

《孝子傳》曰：原穀者，不知何許人。祖年老，父母厭患之，意欲棄之。穀年十五，涕泣苦諫。父母不從，乃作輿舁棄之。穀乃隨收輿歸。父謂之曰：「爾焉用此凶具？」穀云：「後父老不能更作得，是以取之耳。」父感悟愧懼，乃載祖歸侍養，克己自責，更成純孝，穀為純孫。

《太平御覽》引述《孝子傳》的「原穀」故事，和敦煌文獻《搜神記》「孫元覺」雷同，皆是孫子將丟棄祖父的擔架帶回，讓父親深感恐懼，最後悔悟接回祖父供養。

有趣的是，大約與《孝子傳》、《搜神記》同時期，北魏年間所譯出的佛經《雜寶藏經》，居然也有類似的情節：在古印度，六十歲以上的老人會被分配一條毛毯，然後其家人會把老人趕去看守大門，讓老人凍死、餓死。一天哥哥跟弟弟說：你給父親毯子，叫他去守門吧。小弟便截了半條給父親。哥哥問弟弟，為什麼不把整條毯子給父親？弟弟回答道，當哥哥年老時，這半條毛巾就是要給你的。哥哥聽了很震驚，於是一起向國王請求，最後廢止了這項棄老的習俗。

原來古代社會糧食生產不足，年邁、無生產力的長壽老人，就會變成社會的負擔，直接快速的解決方法，就是加以擊殺。但是有時親人不忍心下手，於是就發展出丟棄老人的習俗：《孝子傳》、《搜神記》是用擔架將老人抬去丟棄；《雜寶藏經》則是讓老人凍死。

耐人尋味的是，今本《孝子傳》、《搜神記》已經看不到棄老的情節，而其他經典確實也找不到棄老的內容。

不過今山東省武氏祠堂所保留東漢年間的《孝子石刻圖》中，早已有類似「棄老」故事的畫像了：畫面左側坐著一個老人，上有一飛鳥，榜題為「孝孫祖」，他的面前橫置一長方形的「輿」（擔架）；最右側則站著一個伸手

山東省武氏祠堂所保留東漢年間的《孝子石刻圖》，中間靠左，長方形物體，具有四個把手，即為擔架。
（圖片來源：維基公領域）

召喚的男子，榜題為「孝孫父」，可知應為孝孫的父親；而在畫面的中央、輿的右方，則站立一位孩童，作伸手欲去拿取長方形輿狀，並回首看著後方的男子，中間所立孩童，應即「孝孫」。

為什麼標榜孝順題材的石刻畫中，會出現祖父孫三人，外加一個擔架呢？其實就是中國棄老的故事。而時代稍後的北魏石刻畫像中，也不難看到擔架抬老人丟棄的畫面。

由此可知，棄老的題材，曾經在中國社會中流傳，儘管曾經受到儒家思想的改造，將其引導為孝順的教育內容，但是由於棄老的情節太過驚悚，有違統治階層推行的孝道思想，最遲到了南宋之際，儒家文化確立主導地位後，所有相關文字紀錄通通抹去，僅留下《太平御覽》中的隻字片語，還有那個埋藏在敦煌文獻中的漏網之魚。

儘管棄老的相關文獻遭到大量的篡改，但是由於中國經常性的戰亂、飢荒，導致糧食嚴重不足，讓中國民間仍然保有棄老的習俗。

民俗調查發現，湖北鄖縣等地存在不少「棄老洞」。當地民眾相傳，遠古時期，會將六十歲以上的老人放進水邊的「棄老洞」中，漢江年年漲水，老人必死無疑。隨後，漢江水會將老人的遺骸和遺物全都沖走，不留痕跡，免得子孫們傷心。

由此可知，甲骨文中的「」（微）字，可能就是遠古棄老習俗的反映；為了讓老人可以死得痛快，所以「微」要偷偷來，因此「微」有暗中進行之意。我們講皇帝「微服出巡」，就是暗中巡視的意思。而擊殺老人後，老人也不存在，所以「微」也有「沒有」的意涵。

日本棄老傳說

棄老故事，在中國文獻中遭到刪除，而在日本留傳的古文獻《孝子傳》，竟意外地保存在中國已經消失「棄老孝子原穀」的內容。據學者考證，日本古本《孝子傳》的成書，大致在六朝至隋唐期間，正是中國棄老故事流傳的年代。

除了古本《孝子傳》外，在日本許多文學作品中，如《今昔物語集》、《普通唱導集》、《沙石集》也都收錄這則棄老的故事。換言之，中國社會忌諱的棄老文化，居然在日本異地大為流行，甚至拍成電影《楢山節考》。

《楢山節考》敘述日本古代信濃國（今長野縣），因生產力不足、生活窮困，為了讓其他年輕人活下去，老人家到了七十歲，就會由家人背上「楢山」至荒郊野嶺處丟棄，任其餓死，或遭野獸啃食；「節」在日文裡有儀式的意思，「考」則為考究，片名《楢山節考》意即「上楢山丟棄老人的儀式考究」。

電影中年已六十九歲的阿玲婆，為了節省家中的糧食，讓孫子可以多一口飯吃，忍痛拿起石頭敲掉自己的牙齒，讓自己看起來蒼老一些，這樣就可以提早被丟棄。由於丟棄的季節不一，老人們覺得餓死，被野獸啃食比較痛苦；而凍死的時效快，又可留得全屍，所以老人家一看到下雪，就會齊聲說：「太好了！太好了！」

這一天，阿玲婆終於讓兒子背上了楢山，只見到遍地白骨，陰森恐怖。兒子放下母親後不忍心離開，阿玲婆訓斥兒子儘速回家，連自己的最後一份飯糰也要兒子帶回。兒子下山途中開始飄雪了，這是傳說中的好兆頭；他折回山頭母親處告訴母親降雪了，阿玲婆看到紛飛的雪花，露出燦爛的笑容：「太好了！太好了！」

人性荒謬的衝突掙扎，以落下的皚皚大雪幻化成最後慰藉與救贖，深深觸動刺痛當代貌似理性文明的深切不安。一九八三年版本由今村昌平導演，獲得當年度坎城影展的最佳電影獎，確實也是實至名歸。

不過值得深思的是，日本曾經發生多起安養機構的老人遭到殺害的事件，兇手被捕後的說詞多半為「老年人對社會沒用」；曾經擔任日本副首相麻生太郎，針對老年患者的高額醫療費問題，他竟語出驚人說：「希望（他們）能夠快一點死！」日本社會存在一種對老人的厭惡感，這似乎是日本棄老文化的反映。

貳、「弔」遇見日本風葬傳統

特殊安葬習俗

甲骨文「」，代表一個人身上被繩索捆繞懸吊的樣子，後來演變出兩個字，一是「吊」，另一則是「弔」。

「吊」好理解，按照造字形狀，就是絞刑，上吊的意思；而「弔」則是送終、弔唁。如何從「上吊」變成是「送別死者」呢？

當然我們可以理解為，家屬送別遭受絞刑的死者；然而古代的死刑並不單單只有絞刑，單純用絞刑來理解送別死者顯然不夠周全。

南宋葉隆禮編纂了一部遼國史書《遼志》，其中有一項契丹民族的特殊風俗：

> 父母死而悲哭者，以為不旺，但以其尸置于山樹上，經三年後，方取其骨而焚之。

遊牧民族克制情感，哭泣是軟弱的表現；契丹民族會將父母親的屍體，放置在樹上，讓鳥獸啄食，三年過後，再取其殘骨火化。

看到契丹民族處理遺體的模式，再回到甲骨文「」字，您是否有新的聯想呢？在甲骨文的年代，或許曾經流行過樹葬的模式：即將屍

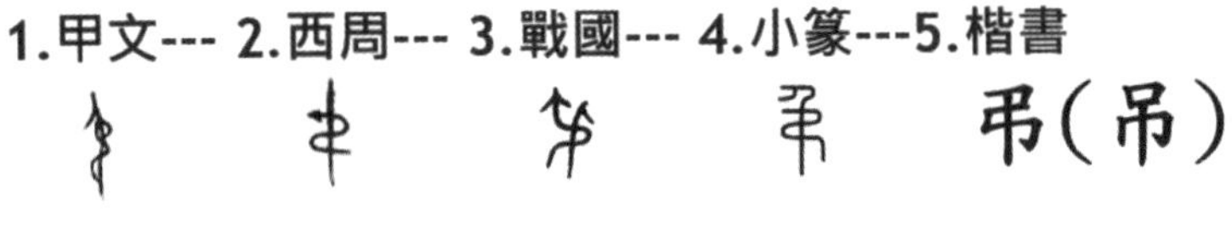

「弔」(吊) 一字的字形演變。

體綑綁，吊至樹上，讓鳥獸啄食，因此「」即有「吊」的意涵。

然而將親人屍體吊至樹上後，大家會聚集在樹下，拜別死者，所以「」亦有送別死者的意思，就產生了送終之「弔」。

另外「骨」字，甲文作，象人體小塊缺骨。而「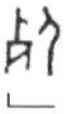」字，左邊「」，上方突出為枯骨支節，為骨字（）變形，右邊則是人（）形狀。一個人彎腰注視枯骨，這代表什麼意思呢？大概就是彎腰撿拾殘骨吧！

東漢許慎在編纂《說文解字》時，也留意到「撿拾殘骨」的聯想，這個字「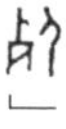」演變成漢字部首「歺」（ㄜˋ），他認為：「歺，殘穿也。用線將殘骨收集起來」。用線將殘骨串起，或許是出自想像；但是歺（ㄜˋ）代表不全的殘骨，這一點是無庸置疑的。所以後世乾脆以殘骨「歺」的左邊「」為偏旁，形成「歹」部。凡從歹部，多與死傷、不祥相關，諸如：「死」、「殘」、「歿」等等。

不過再仔細思考，《遼志》所記載契丹樹葬，經過三年，肯定只剩殘骨，是否如同許慎對於「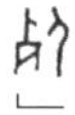」的解釋，家屬用線串起親人殘骨綑綁，再進行遷葬呢？

墨子在宣導節葬時，講了一則南方楚國的特殊葬法：

楚之南有炎人國者，其親戚死朽其肉而棄之，然後埋其骨，乃成為孝子。

——《墨子．節葬》

楚人的特殊習俗，親人過世後，是任其腐朽，若要加快速度，曝屍荒野也未嘗不可；等到屍體成殘骨後，再來撿拾殘骨，入土為安。

有了楚人曝屍荒野的概念，再回頭看甲骨文中的「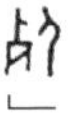」。親人在曝屍荒野風葬之後，家屬回到現場，低頭彎腰注視白骨，或手拾、或以線串起，再帶回安葬，這樣的解釋，有其文獻學、人類學的依據，也未嘗不可。

然而令人困惑的是，「𣦼」字形，加入下方「食」偏旁後，居然形成與飲食相關的「餐」。何以飲食之「餐」與撿拾先人遺骸的「𣦼」有關？在飢荒與戰爭的極端環境下，人們為了生存會食用人肉；某些部落中，食用人肉亦被視為一種宗教儀式。「餐」是否亦有相同的脈絡意涵，有待進一步的研究。

透過「」、「」的討論，在甲骨文的年代，很有可能存在過，「吊在樹上的樹葬」（），或是「曝屍荒野的風葬」（），只是後來儒家文化興起後，在親情孝道的要求下，才用棺槨裝裹屍體，進行土葬。有趣的是，樹葬、風葬在中國幾已看不到，而日本居然保存了這樣中國的古老習俗。

清水寺與京都之「野」

由於京都是盆地地形，冬冷夏熱，在這樣的氣候下，居民大量集中後經常發生可怕的瘟疫，為了減少傳染病的橫行，平安京本是禁止喪葬，所以在平安城外，鴨川以東，以清水寺為中心，就逐漸形成屍體集散處理之地。

值得一提是，我們常說的「入土為安」，講的就是土葬的習俗；而「曝屍荒野」則是代表無人收屍的悲慘境地。東漢王粲《七哀詩》：「出門無所見，白骨蔽平原。」說的就是戰爭造成大量無主屍體的殘酷景象。

然而在平安時期，以清水寺為中心，盛行的居然是風葬。

什麼是「風葬」呢？就是前頭所說的「曝屍荒野」，任由屍體自然風化腐敗。差不多等於是西藏高原的「天葬」。不過天葬有其信仰的內涵，希望先人屍塊讓禿鷹食用後，隨著禿鷹高升至天。

但是日本的風葬，依目前的了解，並沒有實質的宗教意涵，就僅是屍體的處理模式。

我們前文所提《楢山節考》，敘述日本古代的棄老傳說，不懂日本文化的我們，對於日本人居然可以想出丟棄爸媽的可怕劇情感到不可思議，其實這一點都不奇怪，因為這就是日本風葬習俗的遺跡。風葬的習俗在佛教文化傳入後，逐漸修正為土葬，不過滿山遍野的腐爛屍首，卻也讓宣傳諸行無常的佛教僧侶們，有了創作的靈感。

現今收藏於京都桂光山西福寺《檀林皇后九相詩繪卷物》，就是託名嵯峨天皇皇后——檀林皇后，為了教導眾生放下對外在美貌的眷戀執著，吩咐死後不須安葬，只須曝屍荒野，並使畫家忠實記錄，讓世人看見身體腐化而有所省悟。

「九相圖」就是用繪畫描繪出從紅顏到腐屍白骨的九個變化過程。儘管九相在中國翻譯

由日本風葬傳統所呈現的屍身腐爛《檀林皇后九相圖》（局部），確實震撼人心。（圖片來源：維基公領域）

的大乘佛經《摩訶止觀》、《大智度論》早有記載，但是要如實繪畫出屍身腐敗腫脹的驚悚過程，確實還須擁有深厚風葬經驗的日本畫家，才能忠實呈現。

明白了日本風葬習俗後，再回來看清水寺。

因為平安京裡禁止喪葬，所以屍體都必須拿到鴨川以東來風葬，然而鴨川以東，那麼廣大的區域，為什麼特別選在清水寺周遭呢？

原因其實也很簡單，因為清水寺主祀觀音菩薩，透過觀音菩薩大慈大悲的力量加持，可以安撫逝去的亡靈，安享西方極樂。

風葬的習俗本身跟宗教無關，但是在清水寺周遭風葬，就是準宗教行為了。

類似的狀況，在日本殖民時期的台灣新竹也看得到。

「新竹十八尖山」是假日家庭登山勝地，山上設有許多可愛的日式風格石觀音。這些石觀音為什麼會集中在十八尖山呢？

原來新竹與中國大陸的直線距離最近，基於戰略考量，日本殖民台灣時期，在此修建新竹機場（現為新竹空軍基地）；此外為了因應太平洋戰爭石油遭到美國封鎖，日本在新竹地區設有石油的提煉工廠，以及磨製正面衝鋒攻擊時所需的軍刀製造所。為了培育專業人才，日本人開設新竹第一所工業學校：由「化工科」負責提煉石油，「機械科」製造軍刀，這所學校就是後來的「新竹高工」。

由於新竹具有重要戰略位置以及工業潛力，美軍派出飛機瘋狂的轟炸。為了躲避轟炸，日本要求居民在十八尖山開鑿大量的防空洞，一旦美軍進行轟炸，則全數移往防空洞避難。但有時轟炸的時間太長，居民人數又太多，往往轟炸還未結束，很多人就在裡頭窒息死亡。為了安撫亡靈，於是在十八尖山設置大量的石觀音。

一般台灣的民間作法，會收集遺骸並建立萬姓爺陰祠加

石觀音是以石碑為主，金錫浮塑於上，屬於日式風格。圖為新竹十八尖山石觀音，台灣傳統神像放置其下，形成有趣熱鬧的畫面。（圖片來源：作者自攝）

以祭祀；用觀音菩薩來安撫亡靈，這是日本清水寺風葬流傳下來的傳統，這兩種風俗並不同。

講完了台灣的石觀音，再將鏡頭拉回清水寺。

由於清水寺周遭風葬的人數愈來愈多，就算是千手千眼觀音菩薩也忙不過來。所以就著手興建了「六波羅蜜寺」，來分擔清水觀音的辛勞。有了六波羅蜜寺的加入，這周遭也開始成為著名的風葬場所，現今鴨川以東的「六波羅」地名，就是這樣而來。

值得一提的是，清水寺附近有一

六波羅蜜寺入口處矗立的11面觀音，靜靜地凝視千百年來的人事滄桑。（圖片來源：維基公領域）

嵯峨的嵐山小火車，是台灣觀光客打卡的重要熱點。但請注意，車頭懸掛「嵯峨野」，說明了這裡曾經是風葬之所。嵐山的「化野念佛寺」，就是收集嵯峨嵐山風葬遺骸加以奠祭安葬的佛寺。
（圖片來源：photo AC）

個地名，叫做「鳥邊野」。「野」在日文裡頭，可以泛指自然風光的原野，譬如我們台灣人最喜歡去的「嵯峨野」。

事實上，京都周遭有很多地名都有個「野」字，諸如「化野」、「蓮台野」等等。為什麼京都的地名存在這麼多野呢？

原來古代京都盛行風葬，風葬的場所會任由屍體腐化，惡臭難聞，必須遠離居住中心，所以就以地名，安上邊陲之「野」，來標記風葬之所。

有趣的是，「鳥邊野」的名字也透露出一些當時風葬的模式。

由於清水寺與六波羅蜜寺的加持，周遭早已成為風葬的熱門地點，有些時候，大老遠從京都城抬來的屍體，面對早已屍滿為患的誇張擁擠，當地居民發揮創意，乾脆把屍體掛在樹上，這樣子可以吸引鳥類前來啄食，屍體也可以腐爛得比較快，所以就形成了「鳥邊野」這個地名。

將屍體掛在樹上吸引鳥類啄食，這樣的場景讓我們想起甲骨文的「」字，以及契丹民族將屍首「置于山樹上」的驚悚畫面。原來在中國消失的古老葬法，竟然在東瀛京都完整保

存。

下回您去美麗的清水寺參拜時，或許可以前往西南方參訪壯闊的「鳥邊野墓地」，然後再步行十分鐘，就可以走到當年分擔清水觀音的六波羅蜜寺，感受一趟旅遊書中不會介紹的，千年京都風葬之旅。

「清水舞台」跳樓故事

在《櫻桃小丸子》漫畫中，爺爺要帶小丸子去吃昂貴的高級料理，為了表達決心，說了一句這樣的話：

從清水舞台跳下去！（清水の舞台から飛び下りる）

這是一句日本諺語，意思是「若從清水舞台跳下而沒死，願望就可成真」，後來引申為必死的決心。為什麼跳清水舞台就代表必死的決心呢？

清水舞台位於京都清水寺正殿前方，是一座在懸空峭壁上的木製台樓。舞台距離地面的高度，最高達十三公尺（十層樓左右），站在舞台上可飽覽京都市街景。「從清水舞台跳下去！」就是從十層樓高的位置往下跳，應該是活不了吧！

中文也有類似的說法「破釜沉舟」，即把船弄沉、把鍋給砸，代表沒有退路，必死的決心。但是在日文語境就不用那麼麻煩，直接跳清水舞台就可以了，不難看出日本獨特的跳樓文化。

接下來要問的是，有那麼多地方可以跳樓，為什麼日本人特別喜歡在清水舞台跳樓呢？與周遭是風葬區有關嗎？其實是我們誤解了古代的建築高度了。

跳樓便利性

古代的建築技術是有能力克服高度的限制，我們以京都「東寺五重塔」、東京「淺草五重塔」為例，兩者高度都超過五十公尺，但是這兩個塔是給人放舍利（骨灰）用，不是讓人居住的。

一般人居住的地方，頂多就是兩層樓的木造建築，而每日所需的廁所、糞坑是放在一樓的戶外。因為古代沒有抽水馬桶的技術，樓層若是太高，飲水、排便汙水，都會是問題。試想，若是一棟高樓建築，大便糞水若是儲存不當，往下滲透，那麼整棟樓就是被「糞尿水」浸泡過的木質建築，住在這樣的環境，簡直是人間煉獄。

一般的屋舍太矮不適合跳樓；那麼高塔夠高，適合跳樓吧？

理論上是可以的，但是一般寺廟的高塔，都會有人看守，而且樓梯結構狹小，攀爬不易，還沒登頂，可能就已經虛脫了，更遑論縱身一跳。因此如果要跳樓，基本上會排除「登頂跳塔」這種選項。

由此可知，在古代，如果想要找一個地方來跳樓，那還真不是一件簡單的事啊。

但是，清水寺舞台，則是提供了這樣的便利性。如果你去過京都清水寺，你一定知道，登上幾個石階，再買張門票，就可以順利到達清水舞台。偌大的舞台空間，無人看守的自由環境，喜歡怎麼跳，就怎麼跳，根本就是完美跳樓的最佳勝地。

美麗的傳說

平安時代（七九四—一一八五）的民間故事集《今昔物語集》中，記載了一則美麗的故事：

有一位名叫明忠的「檢非違使」，就是京都負責緝捕盜匪的官員，當時他與數名盜匪在清水寺發生格鬥。

由於寡不敵眾，明忠拆了兩塊舞台的木板，夾在腋下，轉頭朝向清水大殿大喊：「觀世音菩薩，救救我」，隨即從高高的舞台跳了下去。

小混混們看到跳下去後的明忠竟然平安無事，以為是神明顯靈，震驚不已。

上述傳說原本只是一則神話故事，不過接下來鎌倉時期的兩本故事集《宇治拾遺物語》、《古本說話集》，也不約而同地收錄清水舞台的跳樓神話，從此以後，「跳清水舞台，平安存活下來的話，願望就可以實現」，這樣的說法，就開始廣為流傳。

原來清水舞台不是拿來自殺，是拿來實現願望的，不過從那麼高的地方跳下，自殺或許願，差異應該也不大。

隨著愈來愈多的人前往清水寺跳樓許願，清水寺的和尚為了驗證菩薩的神力，也很認真地記載每一筆的跳樓紀錄。

一九九〇年代在寺廟倉庫的地板下，發現一本《成就院日記》，記載了從一六九四年開始到一八六四年的百年間的跳樓紀錄。一共有二百三十四人示範跳樓！死亡人數為三十四人，有兩百人存活，生存率高達百分之八十五！其中還有人跳過兩次！

《成就院日記》還有很多詳細的紀錄，例如跳下去的男女人數比例為：男性占百分之七十，女性占百分之三十；年紀最輕的十二歲，最老的八十幾歲；其中二十多歲的年輕人占總人數的百分之七十以上。

清水舞台的跳樓存活率這麼高，還有人跳過兩次，那一定是菩薩顯靈。這樣的神蹟傳開以後，到清水寺跳樓當然就蔚為風氣，成為一種流行的時尚。

江戶時期「浮世繪」畫家鈴木春信，就創作描繪一名女子撐著紙傘，縱身跳下清水寺舞台的瞬間，就像是在空中盤旋舞蹈，既夢幻卻又充滿著悲劇色彩。鈴木春信的美麗畫作，開啟了浮世繪對於「清水舞台跳樓」的創作題材，陸續跟進了不少畫家，進行相同主題的繪畫作品。

壯麗的清水寺，其正殿前方是一座高達13公尺的木製台樓，可鳥瞰京都美景，亦是跳樓的絕佳景點。
（圖片來源：維基公領域，作者Martin Falbisoner）

明治時期的浮世繪畫家楊洲周延所繪「藝妓從清水寺落下」。
（圖片來源：維基公領域）

在浮世繪的推波助瀾之下，到清水舞台跳樓的人數愈來愈多，於是就產生了「從清水舞台跳下去！」（清水の舞台から飛び下りる）這句俗語。

明治維新後，明治政府為了打擊佛教勢力，推行「廢佛毀釋」運動；清水跳樓代表的是神佛的神蹟力量，此風不可長也，率先受到取締。於是明治五年（一八七二）開始頒布禁令，禁止從清水舞台跳下，否則將被逮捕。有了政府取締，跳樓的人才慢慢減少。不過，偶爾還是有零星的跳台事故。

例如在一九九五年二月，一名受阪神大地震影響的八十多歲男子跳下死亡；二〇〇六年五月，一名大約三十多歲的男子跳下死亡；二〇〇九年九月，一名十八歲的男學生跳台，不過他很幸運地活了下來。

為何清水舞台的跳樓存活率這麼高，真的是菩薩顯靈嗎？

根據學者的研究：在江戶時期，舞台的下方種滿了植物，土地鬆軟，起到緩衝作用，加上跳台的人以年輕人為主（二十多歲的年輕人占總人數的百分之七十以上），年輕人骨頭膠質含量高，墜地時可以減少骨折發生的機會，相對的提升了存活率；而一般老人家，骨頭礦物質高，墜地後容易形成骨折，危及生命。不過老人家跳樓人數較少，自然不影響到存活率。

有了菩薩的信仰加持，加上鬆軟的安全植被，共同造就清水舞台的不朽傳奇。

參考資料

中研院史語所「小學堂甲骨文資料庫」。

劉惠萍：〈敦煌寫本所見「孫元覺」故事考：兼論中國「棄老」故事的來源與類型〉，南華大學敦煌研究中心，《敦煌學》第三十二輯。

許進雄：《文字學家的甲骨學研究室：了解甲骨文不能不學的十三堂必修課》，台灣商務印書館，二〇二〇年。

許進雄：《先秦人的日常時光：從一日三餐到制定時間，甲骨文權威帶你解讀漢字的多元樣貌》，台灣商務印書館，二〇二四年。

淺井建爾著，林農凱譯：《京都其實很可怕：毛骨悚然地名巡禮》，EZ叢書館，二〇一七年。
三線：《崇拜京都：秒懂！千年古都背後的神祇文化、歷史與民俗行事》，創意市集，二〇一七年。
入江敦彥著，林佩瑾、曾志偉譯：《京都的異次元旅行：你差一點錯過的京都魔幻景點》，時報出版，二〇一八年。
金井五郎：《日本民間傳奇：《今昔物語》《宇治拾遺物語》精選》，外語教學與研究出版社，二〇〇七年。
周作人校：《今昔物語》，新星出版社，二〇一七年。

國家圖書館出版品預行編目（CIP）資料

國文課遇見日本文化 / 張胤賢著. -- 初版. -- 臺北市 : 麥田出版, 城邦文化事業股份有限公司出版 : 英屬蓋曼群島商家庭傳媒股份有限公司城邦分公司發行, 2025.07
面； 公分. -- (麥田人文 ; 43)
ISBN 978-626-310-898-1(平裝)

1. CST: 文化史 2. CST: 中國文學 3. CST: 日本

630 114006240

麥田人文43

國文課遇見日本文化

作者 張胤賢
責任編輯 陳佩吟
校對 杜秀卿

版權 吳玲緯 楊靜
行銷 闕志勳 吳宇軒 余一霞
業務 李再星 李振東 陳美燕
麥一總編輯 林秀梅
總經理 巫維珍
編輯總監 劉麗真
事業群總經理 謝至平
發行人 何飛鵬
出版 麥田出版
城邦文化事業股份有限公司
台北市南港區昆陽街16號4樓
電話：886-2-25007696 傳真：886-2-2500-1951
發行 英屬蓋曼群島商家庭傳媒股份有限公司城邦分公司
台北市南港區昆陽街16號8樓
客服專線：02-25007718；25007719
24小時傳真專線：02-25001990；25001991
服務時間：週一至週五上午09:30-12:00；下午13:30-17:00
劃撥帳號：19863813 戶名：書虫股份有限公司
讀者服務信箱：service@readingclub.com.tw
城邦網址 http://www.cite.com.tw
麥田部落格：http://ryefield.pixnet.net/blog
麥田出版Facebook：https://www.facebook.com/RyeField.Cite/
香港發行所 城邦（香港）出版集團有限公司
香港九龍九龍城土瓜灣道86號順聯工業大廈6樓A室
電話：852-25086231 傳真：852-25789337
電子信箱：hkcite@biznetvigator.com
馬新發行所 城邦（馬新）出版集團
Cite（M）Sdn. Bhd.（458372U）
41, Jalan Radin Anum, Bandar Baru Seri Petaling,
57000 Kuala Lumpur, Malaysia.
電話：+6(03)-90563833 傳真：+6(03)-90576622
電子信箱：services@cite.my

封面設計 江孟達
電腦排版 宸遠彩藝工作室
印刷 沐春創意行銷有限公司
初版一刷 2025年07月
初版二刷 2025年09月
定價／520元
ISBN：978-626-310-898-1
9786263108974（EPUB）